Fuerte-
ventura

Susanne Lipps

Inhalt

¡Bienvenidos! *4*

Geschichte *10*

Gut zu wissen! *12*

Feste & Unterhaltung *14*

Essen & Trinken *16*

Sport & Freizeit *18*

Sprachführer *20*

Reise-Service *22*

Orte von A-Z *28*

Extra-Touren *82*

Extra-Tour 1 *84*
Baywatch –
Strände des Südens

Extra-Tour 2 *86*
Tropische Oase –
das grüne Herz
der Insel

Extra-Tour 3 *88*
Sei gegrüßt, Maria –
Zu Madonnen und
Heiligen

Extra-Tour 4 *90*
Das Requisit des
Don Quijote –
Die Mühlenroute

Extra-Tour 5 *92*
Reif für die Insel –
Bootstour nach Lobos

Impressum/Fotonachweis *94*
Register *95*

¡Bienv

Fuerte ventura: Was für ein Abenteuer! Scheinbar endlose, goldgelbe, großenteils naturbelassene Strände sind das unverwechselbare Markenzeichen dieser Insel des ewigen Sommers. Millionen Sonnenhungrige zieht es Jahr für Jahr hierher, um dem europäischen Winter zu entfliehen. In der wüstenhaften Landschaft spürt man die Nähe Afrikas, doch der

enidos!

Lebensrhythmus der Menschen ist von spanischen Sitten und Gebräuchen geprägt. Ganzjährig milde Temperaturen und wenig Regen garantieren Badespaß und Erholung total, auch die Vielfalt der Strände ist kaum zu überbieten: Man hat die Qual der Wahl zwischen einsamen, wilden *playas vor* stillen Dünenfeldern und denen der Ferienorte.

Fuerteventura
"Insel des ewigen Sommers"

Dort kann man Sonnenliegen und Sonnenschirme mieten und am Küstensaum auf und ab promenieren, und hier werden dem Urlauber Sportmöglichkeiten und Unterhaltung aller Art geboten. Und es gibt die kleinen, verschwiegenen Strände, an denen schwarzes Geröll ebenso dunklem Vulkansand den Platz streitig macht. Die beleben sich oft nur an den Wochenenden oder Feiertagen, wenn die Fischer ihre kleinen, bunt bemalten Boote ins Meer schieben und später im Familien- und Freundeskreis frischen Fisch und Meeresfrüchte grillen.

Die weißen Sandstrände erscheinen wie eine Miniaturausgabe der Sahara, als hätte der Wind sie direkt aus Afrika herübergeweht. Bei genauer Betrachtung aber sieht man, dass der Sand aus pulverfein zerriebenen Schalen von Muscheln und anderem Meeresgetier besteht und sozusagen eine Eigenproduktion ist, das Kapital der Insel, denn die Strände sind das Ziel der meisten Touristen.

Zwar ist Fuerteventura flächenmäßig nach Teneriffa die zweitgrößte Insel des Kanaren-Archipels, doch ist sie zugleich die mit Abstand am dünnsten besiedelte. Dem kargen Boden konnten die Bauern in vergangenen Zeiten nie viel abringen, Hungersnot und Auswanderung waren jahrhundertelang an der Tagesordnung. So stehen heute den rund 44 000 Inselbewohnern in der Hochsaison etwa ebensoviele Touristen gegenüber. Fest in deutscher Hand ist die Halbinsel Jandía im Süden, auf deren windabgewandter Seite die Urlaubsorte liegen. Kaum Urlaubswünsche offen bleiben in Jandía Playa. Das umfangreiche Sportangebot, Gelegenheiten zu Einkaufsbummeln, Discotheken und Pubs für Nachtschwärmer, Restaurants mit einheimischer oder internationaler Küche sorgen für ein buntes und lebendiges Bild. Nicht ganz so umtriebig ist Costa Calma. Dort gibt es viele Apartmentanlagen, der Ort wird von Familien mit Kindern und von Ruhesuchenden bevorzugt. In Fußgängerentfernung um diese beiden Orte, in Autofahrerentfernung allemal, gibt es Natur pur. Wem das noch nicht genügt, der fährt – vielleicht mit dem gemieteten Jeep – über holprige Pisten zu den menschenleeren Stränden der windzugewandten Westseite Jandías.

Bienvenidos

Tropische Farben am Atlantik: die Playas de Corralejo

Internationaler geht es in Corralejo an der Nordspitze Fuerteventuras zu. Ein bunt gemischtes Völkchen trifft sich in Restaurants, Straßencafés und Pubs in der Altstadt. Boutique reiht sich an Boutique; die Feriensiedlung schließt sich als ausgedehnte Gartenstadt an. Das riesige Dünengebiet hinter den Playas de Corralejo, der Parque Natural de las Dunas de Corralejo, steht unter Naturschutz und darf nicht bebaut werden, ist aber zu Fuß, per Auto oder Bus leicht zu erreichen.

Ein drittes, kleineres, sehr familienfreundliches Ferienzentrum ist Caleta de Fuste an der Ostküste. Mit der grandiosen Landschaft Jandías oder des Nordens kann der Ort nicht konkurrieren, doch der halbmondförmig geschwungene, goldgelbe Strand ist sehr geschützt, das Badevergnügen gefahrlos. Shopping und Unterhaltung werden in Caleta de Fuste nicht gerade groß geschrieben, dafür kann man im Yachthafen mondänes Flair genießen, und das Sportangebot ist auch nicht zu verachten. Und außerdem liegt die Inselhauptstadt Puerto del Rosario nicht aus der Welt.

Apropos Puerto del Rosario: Viel ist hier wahrlich nicht los. Touristen finden den Weg nur selten in die Inselhauptstadt, wo die Einheimischen noch unter sich sind. Hier stapeln sich in den Schaufenstern der Geschäfte nicht Badekleidung, Souvenirs und Sportartikel, sondern Dinge des täglichen Bedarfs, und hier werden während der Siesta noch wie überall in Spanien die Bürgersteige hochgeklappt; doch in den frühen Abendstunden trifft man sich auf den Plätzen und in den Straßencafés. Immerhin glänzt Puerto del Rosario auch mit einer Sehenswürdigkeit: Miguel de Unamuno, dem spanischen Schriftsteller, der auf Fuerteventura im Exil lebte und die Insel als »nacktes, skeletthaftes, karges Land aus nichts als Knochen« beschrieb, ist hier ein Museum gewidmet. Verlässt man die Strände und Küstenorte, wird spätestens deutlich, wie recht Unamuno mit diesen Worten hatte.

Neben dem Tourismus ist die Ziegenhaltung das zweite Standbein der Inselwirtschaft. Sollte es, wie die Botaniker behaupten, einst einen – wenn auch lockeren – Busch- und Baumbestand auf

7

Erde und Meer: Getreidemühle in Villaverde ...

Fuerteventura gegeben haben, so ist dieser wegen des Brennholzbedarfs vergangener Generationen längst vernichtet, und die unersättlichen Mäuler der Ziegen entwurzeln alles, was dennoch sprießen will. Nur nach den – seltenen – winterlichen Regenfällen blüht die Wüste. Welch einen Kontrast zu den dürren Hügeln bilden die kleinen Palmenoasen: Überall dort, wo es Grundwasser gibt, in schmalen Schluchten und tiefen Tälern, recken sich majestätische Palmwipfel in die Höhe. Die feuchten Täler wurden früher intensiv landwirtschaftlich genutzt, Windräder holten das kostbare Nass aus dem Boden. Aber außer Tomaten wird heute nur noch wenig auf Fuerteventura angebaut.

In den Dörfern des Inselinneren scheint die Zeit stehen geblieben zu sein. Früher lebten hier wohlhabende Bauern, heute wird das Geld an der Küste verdient. In der alten Inselhauptstadt Betancuria, aber auch in Pájara, Antigua oder La Oliva stehen noch die stummen Zeugen aus besseren Zeiten: schöne Kirchen und vornehme Adelspaläste, Kornspeicher und Windmühlen. Die Orte sind nach wie vor lebendig, denn viele Bewohner pendeln zu ihren Arbeitsplätzen in den Ferienzentren. Ein unvergessliches Erlebnis ist es, an einer Landfiesta teilzunehmen. Dort sind Fremde immer willkommen, doch die Feste sind keine reinen Touristenattraktionen, sondern haben sich ihren Charakter bewahrt. Spielwettbewerbe, Kindermodenschauen und Zaubervorstellungen, vor allem aber der abendliche Tanz gehen dem eigentlichen Höhepunkt des Festes voraus, der Prozession zu Ehren des örtlichen Schutzheiligen. Dazu gehören Folklore und traditionelle Spiele und zum Abschluss oft noch ein Feuerwerk.

Es sind zwei sehr unterschiedliche Welten, die in Fuerteventura aufeinanderprallen: die der Touristen und die der *majoreros,* wie sich die Einheimischen nach den Ureinwohnern nennen. Oberflächlich betrachtet scheinen letztere – unbeeindruckt vom Geschehen in den Ferienorten – das Althergebrachte zu bewahren. Doch Fuerteventura ist nicht mehr so unschuldig, wie es einmal gewesen sein mag. Halb fertige Bau-

Bienvenidos

... und Fischerboote in La Lajita

ruinen zeugen mancherorts vom Größenwahn der Lokalpolitiker und ausländischen Investoren, die eine Verfünffachung(!) der vorhandenen Gästebettenzahl anstrebten; verwirklicht wird zum Glück nur ein Bruchteil davon. Umweltschützer kämpften erfolgreich dafür, die verbliebenen wilden Naturstrände zu bewahren. Als es um die Montaña Tindaya ging, den heiligen Berg der Altkanarier, standen die *majoreros* gar vor einer Zerreißprobe. Auf sein wertvolles Gestein hatte ein Bauunternehmer ein Auge geworfen. Der baskische Künstler Eduardo Chillida wusste einen Ausweg: Krönung seines Lebenswerks sollte ein riesiger kubischer Hohlraum im Inneren des Bergs werden. Ungewollt geriet er zwischen die Fronten. Nach jahrelangem Tauziehen wurde sein Projekt genehmigt, doch ob es je vollendet wird, ist ungewiss.

Lage:	Fuerteventura liegt zwischen 28° 45' und 28° 2' nördlicher Breite und zwischen 14° 31' und 13° 50' westlicher Länge
Fläche:	1731 km^2
Höchste Erhebung:	Jandía (807 m)
Einwohner:	44 000; 25 Einwohner/km^2
Religion:	römisch-katholisch
Hauptstadt:	Puerto del Rosario mit 14 000 Einwohnern
Verwaltung:	Für die Verwaltung Fuerteventuras ist der Inselrat *(Cabildo Insular)* zuständig. Die Kanarischen Inseln haben innerhalb Spaniens den Status einer autonomen Region (mit den deutschen Bundesländern vergleichbar). Die Hauptstadtfunktion in dieser *Comunidad Autónoma* teilen sich Santa Cruz de Tenerife und Las Palmas de Gran Canaria.

Geschichte

Idol-Statuette im Casa Museo de Betancuria

um 500 v. Chr.	Erste Beschreibung der Kanarischen Inseln durch den karthagischen Seefahrer Hanno. Etwa um diese Zeit kommen Berber aus Nordwestafrika als Siedler auf die Kanaren.
um Christi Geburt	König Juba von Lybien und Mauretanien schickt eine Expedition zu den Kanaren.
13. Jh.	Italienische, mallorquinische und portugiesische Händler und Seefahrer erkunden den Archipel auf der Suche nach Sklaven.
1339	Fuerteventura erscheint auf der Landkarte des mallorquinischen Kartographen Dulcert.
1405	Der Normanne Jean de Béthencourt erobert im Auftrag des kastilischen Königs drei Jahre nach Lanzarote auch Fuerteventura und gründet die Hauptstadt Betancuria.
1412	Béthencourt setzt seinen Neffen Maciot als Statthalter ein und verlässt die Inseln für immer.
1430	Juan de las Casas erwirbt die Lehnsrechte über Fuerteventura.
1456	Guilléns Erbe Diego García de Herrera lässt sich auf Fuerteventura nieder und gliedert die Insel endgültig in das Königreich Kastilien ein. Von hier aus begibt er sich immer wieder zur Sklavenjagd nach Nordafrika. Umgekehrt müssen die Bewohner

Geschichte

	Fuerteventuras ständig mit der Furcht vor Verschleppung durch maurische Piraten leben.
1675	Die Feudalherren verlassen die Insel und setzen einen Verwalter ein.
1708	In La Oliva wird ein Militärregiment stationiert. Dessen Oberst übernimmt auch die zivile Verwaltung.
1740	Schlacht bei Tuineje vergeblicher Versuch Großbritanniens, mit einem Korsarentrupp Fuerteventura zu erobern.
1808–1815	Das Großbürgertum unternimmt einen ersten Anlauf, die Feudalherrschaft abzuschütteln. In Antigua wird ein Parlament gewählt.
1834	Antigua wird vorübergehend Inselhauptstadt.
1836	Ende der Feudalherrschaft.
1852	Die Kanarischen Inseln erhalten den Status einer Freihandelszone. Auf Fuerteventura führt dies zu einer Belebung der Wirtschaft, man exportiert Naturfarbstoff, Soda und Kalk.
1860	Puerto de Cabras (seit 1956 Puerto del Rosario) wird zur Hauptstadt von Fuerteventura erklärt, die Militärregierung aufgelöst.
1912	Auf den Kanaren werden die Inselräte *(cabildos insulares)* eingeführt, womit die örtliche Selbstverwaltung beginnt.
1975	Die spanische Fremdenlegion wird gegen den Willen der Bevölkerung nach Fuerteventura verlegt.
1982	Die Kanarischen Inseln erhalten den Status einer autonomen Region.
1986	Spanien wird Mitglied der EG. Die Kanaren handeln einen bis 1996 befristeten Sonderstatus aus.
1996	Abzug der Legion. Beendigung des Sonderstatus innerhalb der EU.
1998–2002	Eröffnung mehrerer *Ecomuseos* auf Fuerteventura mit Hilfe von EU-Fördermitteln. Sie sollen den ›Qualitätstourismus‹ auf die Insel ziehen.

Hygiene: Das Leitungswasser kommt aus der Wasserentsalzungsanlage und gilt, da es oft längere Zeit in Tanks zwischengelagert wird, als nicht immer hygienisch einwandfrei. Zum Zähneputzen kann man es unbesorgt benutzen, zum Trinken und Kochen greift man aber lieber auf importiertes Quellwasser zurück, das jeder Supermarkt in 5-l-Kanistern bereithält – auch wenn das Schleppen manchmal schon recht schwerfällt ...

Es besteht kein Grund zu übertriebener Vorsicht beim Essen. Auch Salate und Obst können in der Regel ohne böse Folgen gegessen werden. Ein wenig Zurückhaltung ist allerdings – vor allem in der wärmeren Jahreszeit – bei Speisen angebracht, die Mayonnaise enthalten. Eiswürfel in Getränken werden generell aus hygienisch einwandfreiem Quellwasser hergestellt. Hat einen dennoch ›Montezumas Rache‹ ereilt, helfen zimmerwarme Cola mit viel zusätzlichem Zucker und die kleinen, schmackhaften Kanaren-Bananen *(plátanos)*, die man überall kaufen kann. Viele Lebensmittel enthalten Konservierungsstoffe, andere, wie z. B. Milchprodukte, werden durch Wärmebehandlung haltbar gemacht. Dies mag manchem nicht gefallen, der sich gesundheitsbewusst ernähren möchte, ist aber eine notwendige Vorsichtsmaßnahme, um angesichts der Temperaturen und der nicht immer perfekten Kühlmöglichkeiten unverdorbene Nahrungsmittel anbieten zu können.

Kleidung: In den Speisesälen der besseren Hotels und in gediegenen Restaurants wird angemessene Kleidung erwartet. Dies bedeutet lange Hosen und ein korrektes Hemd für Herren, gemäßigt elegante Kleidung bei Damen. Ansonsten ist lässige Urlaubskleidung angesagt. Da der Tourismus auf Fuerteventura eine so übermächtige Rolle spielt, gilt dies mittlerweile nicht nur für die Ferienorte, sondern für alle Teile der Insel. Kurze Hosen werden in Kirchen toleriert, allerdings sollten nach wie vor die Schultern bedeckt sein.

›Oben ohne‹ ist an den Touristenstränden sehr verbreitet. Wo viele Einheimische baden, sollte man besser darauf verzichten. FKK ist offiziell verboten, wird aber an einsamen Stränden häufig praktiziert.

Restaurants: Im Endbetrag der Rechnung ist wie bei uns der Service enthalten. In Ferienorten und besseren Lokalen wird darüber hinaus ein Trinkgeld von ca. 5–10 % erwartet. Man rundet nie, wie in Deutschland üblich, auf, sondern lässt sich das Wechselgeld genau herausgeben, und das Trinkgeld bleibt dann auf dem Rechnungsteller liegen. Ist man zu mehreren unterwegs und möchte

Gut zu wissen

getrennt bezahlen, so sollte man das bereits beim Aufnehmen der Bestellung sagen, damit die Beträge einzeln in die Kasse eingegeben werden. Sonst kommt unweigerlich eine Gesamtrechnung, die es dann umständlich aufzuschlüsseln gilt.

Sicherheit: Vereinzelt kommt es in den Ferienzentren, vor allem in Corralejo, zu Taschendiebstählen und Trickbetrügereien. Wertgegenstände sind daher am besten im Safe aufgehoben, über den fast jedes Hotelzimmer verfügt. Hin und wieder werden Mietwagen aufgebrochen. Daher gilt: Keine Taschen oder Jacken offen sichtbar im Auto liegenlassen!

Time-Sharing-Immobilien: Touristen werden in einigen Ferienorten hin und wieder von freundlichen jungen Damen oder Herren auf Deutsch angesprochen und mit der Aussicht auf ein Werbegeschenk zu einem Verkaufsgespräch eingeladen. Mit viel psychologischem Geschick wird dann so mancher in der Urlaubslaune zum Kauf einer Time-Sharing-Immobilie überredet. Man erwirbt dabei für eine bestimmte Zeit im Jahr das Nutzungsrecht an einem Bungalow oder Apartment. Es gibt seriöse Unternehmen, aber auch schwarze Schafe in dieser Branche. Was sich zunächst günstig anhört, kann später teuer zu stehen kommen. Also Vorsicht!

Siesta & Co.

Geschäfte, Museen, Wechselstuben und sonstige öffentliche Einrichtungen schließen am frühen Nachmittag meist für drei bis vier Stunden, was vor allem bei Ausflugsfahrten sehr lästig sein kann. Die Kanarier haben sich damit den Sitten der Festlandsspanier angepasst, obwohl auf den Inseln selbst in den Sommermonaten die Nachmittagstemperaturen nie so hoch klettern, dass man sich ihnen nur in der Horizontale stellen könnte. Will man per Mietwagen oder Linienbus die Insel erkunden, so sollte man möglichst früh aufbrechen, um nicht überall vor verschlossenen Türen zu stehen. In den Ferienzentren berücksichtigen clevere Geschäftsleute längst den Lebensrhythmus der Touristen und haben ihre Läden auch über Mittag geöffnet. Gleiches gilt für die Essenszeiten in den Restaurants. Sie entsprechen überall dort, wo Touristen verkehren, mitteleuropäischen Gewohnheiten.

Sonn- und Feiertage sind den Einheimischen heilig. Außerhalb der Ferienorte steht dann das öffentliche Leben praktisch still. Man widmet sich der Familie, mit der man sich entweder zum Picknick an den Strand oder aber zu einem ausgiebigen Mittagessen ins Restaurant begibt.

An jedem Sommerwochenende ist in irgendeinem Ort etwas los: Auf den Kanarischen Inseln wird oft und gerne gefeiert, und ob religiöser oder profaner Anlass, die Fiestas dauern oft mehrere Tage. Wichtiges Ereignis ist meist der Tag des Kirchenpatrons, bei dem die sonntägliche Prozession im Mittelpunkt steht. Das ganze Dorf ist dann auf den Beinen, und oft werden die alten kanarischen Trachten anlegt. Zum Rahmenprogramm gehören Tanzveranstaltungen, Umzüge, sportliche Wettbewerbe, Modenschauen und zum Abschluss häufig auch ein Feuerwerk.

Januar
In Spanien und auf den Kanaren ist für die Kinder nicht am Heiligabend Bescherung, sondern am 5. Januar, dem Vorabend des **Dreikönigsfestes**. In vielen Orten finden dann Umzüge statt (*Cabalgata de los Reyes Magos*), bei denen die auf Eseln reitenden Heiligen Drei Könige in Form von verkleideten Männern Bonbons unter die Zuschauer werfen. Auch der eigentliche Dreikönigstag, der 6. Januar, wird – von Touristen eher unbemerkt – vielerorts gefeiert.

Februar
In Puerto del Rosario feiert man den **Karneval** sehr ausgiebig mit Umzügen und Maskenbällen à la Rio. Bei der **Verbena de las Sábanas** (Ball der Betttücher) sollte man sich seine Tanzpartnerin genau ansehen: Es tobt die Verkleidungswut, und wo Frau draufsteht, ist nicht immer Frau drin.

April
Auf der ›Granja Experimental‹, dem Versuchsgut der Inselregierung bei Pozo Negro, findet am letzten Aprilwochenende eine **Landwirtschaftsmesse** mit Viehmarkt statt. Im Angebot sind Ziegen und Schafe, Schweine und Dromedare, Esel und Pferde. Das Rahmenprogramm hat Fiesta-Charakter. Man kann einheimische Spezialitäten probieren, Kunsthandwerk kaufen, Folkloregruppen zuschauen und vor allem die Wettbewerbe im Ziegenmelken erleben, die nicht ganz tierisch ernst zu nehmen sind.

Mai
In Antigua findet gegen Ende des Monats die **Feria Insular de Artesanía** (Kunsthandwerksmesse) statt. Handwerker von allen Inseln des Kanarischen Archipels präsentieren ihre Kunst und geben Arbeitsproben. Natürlich dürfen Folklore, Tanz und Kanarischer Ringkampf nicht fehlen.

Juni
Blütenteppiche wie auf den anderen Inseln kann man sich an **Fronleichnam** (*Corpus*) auf Fuerteventura nicht leisten, denn Blüten sind knapp. Stattdessen fügen eifrige Gläubige in stundenlanger Arbeit auf Straßen und Plätzen gefärbtes Salz zu Bildern und Ornamenten zusammen – eine ver-

Feste & Unterhaltung

gängliche Pracht, denn schon ein paar Stunden später zieht die Abendprozession über die kunstvollen Salzteppiche hinweg.

Juli
Am 14./15. Juli begeht Betancuria die **Fiesta de San Buenaventura** zur Erinnerung an die endgültige Eingliederung Fuerteventuras in das Königreich Kastilien 1456. Das Eroberungsbanner, das man den Rest des Jahres im Museum besichtigen kann, wird zu diesem Anlass einer Prozession vorangetragen.

Die Schutzheilige der Fischer, die **Nuestra Señora del Carmen,** wird am 16. Juli in den Hafenorten Corralejo und Morro Jable mit farbenfrohen Schiffsprozessionen gefeiert.

September
Am dritten Samstag im September feiert man in Vega Río Palmas die Inselheilige **Virgen de la Peña** (Felsjungfrau). Der Ort ist dann Ziel einer Wallfahrt *(romería)*, an der Pilger aus allen Teilen der Insel teilnehmen. Höhepunkt ist die Parade der Prunkwagen, wobei sich die verschiedenen Inselorte an Prachtentfaltung überbieten.

Oktober
Offiziell beginnt die **Fiesta de San Miguel** schon am 29. September, dem Tag des hl. Michael. Ihm schreiben die Bewohner von Tuineje den Sieg über einen britischen Korsarentrupp am 12. Oktober 1740 (mit Hilfe einer Phalanx von Kamelen) zu. Zwei Wochen lang wird kräftig gefeiert und mit einem Historienschauspiel die siegreiche Schlacht nachvollzogen.

Der Bedeutung als Inselhauptstadt entsprechend, feiert man um den 7. Oktober herum in Puerto del Rosario das größte Patronatsfest. Im Mittelpunkt steht die **Nuestra Señora del Rosario,** die Rosenkranzmadonna, deren Statue einer sehenswerten Prozession vorangetragen wird.

Dezember
Am Heiligabend kann man in Antigua, Tiscamanita und Pájara die **Ranchos de Pascua** erleben. Folkloregruppen garnieren eine nachgestellte Bethlehemszene mit Musik und Tanz.

Schrill und südamerikanisch: Karneval in Corralejo

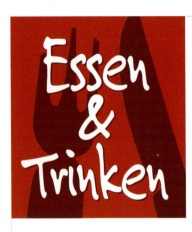

In den Ferienorten speist man, was das Herz begehrt. Italienische, chinesische und deutsche Restaurants umwerben die Kundschaft. Von Fast-food bis hin zu mehrgängigen Edelmenüs französischer Art ist alles drin. Doch auch spanische und kanarische Küche finden immer mehr Zuspruch. Einheimische Köche widmen sich der bodenständigen Zubereitung von Fisch und Fleisch nun auch für Touristen, während Spezialitätenrestaurants verschiedener spanischer Regionen gehobenen Essgenuss bieten.

Die Mahlzeiten

Essenszeiten und Größe der Portionen entsprechen in den Urlaubszentren den Gewohnheiten mitteleuropäischer Touristen. Zum **Frühstück** *(desayuno)* bieten die Hotels ihren Gästen ein mehr oder weniger üppiges Buffet mit Müsli, Vollkornbrot und Rühreiern mit Schinken. Das Frühstück der Einheimischen hingegen fällt recht karg aus. Vor der Arbeit wird auf die Schnelle in einer Bar ein *café con leche* (Milchkaffee), dazu ein Toast oder ein Stück Gebäck *(churro)* konsumiert. Selbstredend hält so ein Frühstück nicht lange vor, und so findet man sich am späten Vormittag wiederum in einer Bar ein, um ein *bocadillo* (belegtes Brötchen) oder einige Häppchen, Tapas, zu sich zu nehmen. Tapas können sein: Gebratene Champignons mit Knoblauch, Sardinen, Tintenfischsalat und vieles mehr.

Das **Mittagessen** *(almuerzo)* nimmt man traditionell gegen 14 Uhr ein, am Sonntag meist noch etwas später. In den Ferienzentren kann man sich auch schon um 12 Uhr zum Mittagstisch einfinden. Dort gibt es oft die so genannten *platos combinados*, Tellergerichte, bei denen die Auswahl vom großen Salatteller über Omelett *(tortilla)* bis zu Steak mit Pommes frites und Salat reicht. Dem des Spanischen Unkundigen wird die Auswahl durch bebilderte Speisekarten erleichtert. In den von Einheimischen frequentierten Lokalen liegt man mit dem *menu del día* immer richtig und vor allem preiswert. Das Tagesmenü besteht aus Suppe oder Vorspeise, Hauptgericht und Dessert, dazu Tischwein und Wasser. Zum Abschluss darf ein *café solo* (Espresso) oder *cortado* (Espresso mit viel Kondensmilch) nicht fehlen.

Während das üppige Abendbuffet in den Hotels oft schon um 18.30 Uhr eröffnet wird, findet das **Abendessen** *(cena)* bei den Einheimischen selten vor 21 Uhr statt. Vorher trifft man sich mit Freunden in den Bars und Straßencafés, um den Appetit mit einem Aperitif anzuregen. Das kann z. B. auch ein *carajillo* (Kaffee mit Cognac) oder ein *ron con miel* (Rum mit Honig) sein. Dazu dürfen natürlich wiederum die Tapas nicht fehlen. Anschließend wird im Familienkreis das eigentli-

Essen & Trinken

che Abendessen regelrecht zelebriert. Es besteht aus drei Gängen und wird von Wein, Wasser und Bier begleitet.

Restaurantkategorien für ein Hauptgericht ohne Getränke:
günstig: bis 6 €
moderat: 6–9 €
teuer: 9–12 €
Luxus: ab 12 €

Die Getränke

Da es auf Fuerteventura so gut wie keinen Weinbau gibt, wird **Wein** vom spanischen Festland importiert. Spitzenweine kommen meist aus der Region Rioja, aber auch in Navarra, Penedés und Valdepeñas wird ein gutes Tröpfchen erzeugt. Achten Sie auf die Herkunftsbezeichnung ›Denominación de Origen‹ (DO). Hervorragende, allerdings nicht ganz billige Weine kommen von der Nachbarinsel Lanzarote. Rotwein *(vino tinto)* ist verbreiteter als Weißwein *(vino blanco)*. Ausgezeichneter Sekt *(cava)* kommt aus Katalonien (Codorniu, Freixenet). **Bier** *(cerveza)* wird auf Teneriffa (Dorado) und Gran Canaria (Tropical) gebraut, in geringen Mengen auch auf Fuerteventura (Marke Abadía). Wer Bier vom Fass möchte, bestelle eine *caña*.

Die Auswahl an spanischen und internationalen **Spirituosen** ist groß. Probieren sollte man den Rum *(ron)* aus Gran Canaria. Mineralwasser stammt meist aus Gran Canaria oder La Palma. *Agua mineral con gas* enthält Kohlensäure, *agua sin gas* ist dagegen ein stilles Wasser.

Kanarische Spezialitäten

Gofio Mischung aus gerösteten, dann gemahlenen Getreidekörnern, die schon die Ureinwohner kannten; wird in den Frühstückskaffee gerührt oder, mit Brühe vermischt und zu Bällchen geformt, als Beilage gegessen

Mojo allgegenwärtige Sauce, wird zu Pellkartoffeln und Fisch serviert; als *mojo picón* mit viel Chili, als *mojo verde* milder und mit vielen Kräutern

Papas arrugadas runzelige Pellkartoffeln mit Salzkruste; die Schale wird mitgegessen

Lapas Napfschnecken, mit viel Öl und Knoblauch gegrillt

Queso blanco milder Ziegenfrischkäse, schmeckt im *bocadillo* oder mit Oliven

Puchero canario kräftiger Eintopf aus verschiedenen Sorten Fleisch, Paprikawurst, Kichererbsen, Bohnen, Kürbis und anderem Gemüse

Conejo en salmorejo Kaninchen, mariniert und im Tontopf mit Kräutern, Knoblauch, Safran und Chili geschmort

Sancocho Fischeintopf aus eingesalzenem Wrackbarsch *(cherne)* oder Brassen *(sama)*, Kartoffeln, Süßkartoffeln und Zwiebeln

Zarzuela kanarische Variante der Bouillabaisse mit mehreren Fischsorten, Kartoffeln, Tomaten und Zwiebeln

Bombón gigante Eiercreme mit Schokolade und in Wein getränktem Bisquit, eine sehr üppige Sache

Bienmesabe süße Creme aus Honig, Mandeln und Eigelb

Sport & Freizeit

(Anmeldung in örtlichen Reisebüros). S. auch Extra-Touren 2 und 5, S. 86f. und 92f.

Reiten

Reitställe gibt es in Tarajalejo, Jandía Playa, Parque Holandés und La Pared. Letzterer ist auf Spanisches Reiten spezialisiert, das dem Westernreiten ähnelt.

Tennis

Über Tennisplätze verfügen alle größeren Hotels und insbesondere die Ferienclubs. Mancherorts dürfen auch Nicht-Hotelgäste gegen Gebühr spielen. Für jedermann zugänglich ist das Jandía-Tennis-Center in Jandía Playa.

Mountainbiking

Mountainbikes und normale Fahrräder werden in allen Ferienorten vermietet. Vor allem rund um Corralejo und Caleta de Fustes kann man auf Pisten und wenig befahrenen Nebenstraßen lohnende Touren unternehmen.

Golf

In La Pared betreibt die Golf-Akademie Fuerteventura einen 6-Loch-Golfplatz sowie eine 9-Loch-Zielgolfanlage (Tel. 928 16 10 52, Fax 928 16 10 62).

Wassersport

Für **Windsurfer** ist Fuerteventura ein Paradies. Im Sommer weht der Passatwind gleichmäßig aus Nordost. Anfänger werden das windarme Winterhalbjahr zu schätzen wissen und die ruhige Lagune der Playa Barca oder die Bucht von Caleta de Fustes bevorzugen. Im Winter kann es aber auch schon mal stürmisch werden, dann treffen sich die Profis am ›Schießplatz‹ an der Nordspitze bei Corralejo oder vor der Playa Barca (Halbinsel Jandía). Schulen und Verleihfirmen gibt es viele.

Segelfreunde kommen vor allem in den großen Ferienclubs auf ihre Kosten, wo Katamaransegeln angeboten wird. Mitfahrgelegenheit auf Hochseeyachten gibt es in Corralejo, Caleta de Fu-

Wandern

Im Winter, wenn die Sonne auch um die Mittagszeit nicht gar so heiß brennt, tauscht mancher das Surfbrett gegen Schusters Rappen. Zu erwandern sind menschenleere Wüstenberge, unberührte Vulkanlandschaften, bizarre Küsten und kühle Palmenoasen. Die Inselregierung veranstaltet Wanderungen unter deutschsprachiger Führung

Sport & Freizeit

Die schönsten Strände

Playas de Sotavento: Rund 8 km Strand zwischen Costa Calma und Risco del Paso, im Norden belebt, zum Süden hin sehr ruhig mit einer langen Lagune und riesigen Dünen (C/D 9; s. S. 44).

Playa del Matorral: Goldgelber, feinsandiger Hausstrand von Jandía Playa. Die Bebauung hält Abstand, denn die flachen Dünen und die Salzmarsch an den Strandgrenzen stehen unter Naturschutz (B/C 10; s. S. 53).

Playa de Cofete: Wer Einsamkeit sucht, ist hier und an der angrenzenden Playa de Barlovento goldrichtig. Für lange Spaziergänge eignen sich diese Strände hervorragend, doch wegen der hohen Brandung ist dieser Küstenabschnitt auch für erfahrene Schwimmer sehr gefährlich (B 9; s. S. 37).

Playa del Castillo: Surfprofis lieben den 1 km langen Naturstrand im Nordwesten der Insel. Baden ist nur bei ruhiger See möglich (F 2; s. S. 47).

Playas de Corralejo: Traumküste der Insel schlechthin, mit weiß in der Sonne funkelnden Strandabschnitten. Im Rücken der Küste schließt sich die 24 km² große Wanderdünenfläche El Jable an (H 1; s. S. 38).

Playa del Castillo: Von ganz anderem Charakter als der Namensvetter im Nordwesten ist dieser halbmondförmige Sandstrand in der ruhigen Bucht von Caleta de Fuste; auch für Kinder zum Baden geeignet (H 5; s. S. 34).

stes (El Castillo) und Morro Jable. Von diesen Häfen aus werden auch organisierte Fahrten zum **Hochseefischen** angeboten.

Beliebt ist Fuerteventura auch bei **Tauchern.** Als besonders interessantes Revier gilt die Meerenge El Río zwischen Fuerteventura und Lobos. Tauchbasen gibt es in allen größeren Ferienorten.

Zunehmender Beliebtheit erfreut sich das **Wellenreiten**, das vor allem an der brandungsreichen Westküste betrieben wird. Eine Schule (auch Verleih) gibt es in La Pared.

Aktivitäten mit Kindern

Eine besondere Feriengaudi ist der **Ausritt** auf einem Dromedar im Kamel-Park von La Lajita. Dort können die Kleinen auch Affen, Vögel und Krokodile im **Zoo** besuchen. Kamelritte werden außerdem an den Playas de Corralejo, in Lajares und in Caleta de Fuste angeboten. Spaßig ist die Fahrt mit dem **Glasbodenboot** ›Celia Cruz‹, das im Hafen von Corralejo startet (Tel. 607 54 89 87).

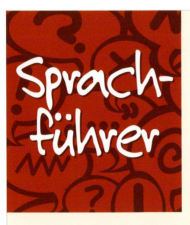

Sprachführer

Da deutschsprachige Besucher auf Fuerteventura die mit Abstand größte Touristengruppe stellen, sind Deutschkenntnisse in den Urlaubszentren entsprechend verbreitet. Englisch wird von den jüngeren Leuten, auch wenn sie nicht im Fremdenverkehr arbeiten, meist mehr oder weniger gut gesprochen. Im Umgang mit älteren Menschen und auf dem Land können sich hingegen ein paar Brocken Spanisch als recht nützlich erweisen. Allerdings wird es niemand einem Touristen übelnehmen, wenn er sich mit Händen und Füßen verständigt.

Allgemeines

ja/nein	sí/no
guten Morgen	buenos días
guten Tag	buenas tardes
guten Abend	buenas noches
Hallo, wie geht's?	¿Hola, qué tal?
Danke, gut!	¡Bien, gracias!
auf Wiedersehen	adiós
bis später	hasta luego
bitte/danke	por favor/gracias
Verzeihung	perdón
macht nichts/ gern geschehen	de nada
Sprechen Sie Deutsch?	¿Habla alemán?
ich verstehe nicht	no entiendo
wie heißt du/ wie heißen Sie?	¿como te llamas/como se llama?
ich heiße ...	me llamo ...

Einkaufen

Markt	mercado
Supermarkt	supermercado
Bäckerei	panadería
Lebensmittel	alimentos
Apotheke	farmacia
Schreibwarenladen	papelería
Haben Sie ...?	¿Hay ...?
Ich brauche ...	Necesito ...
Was kostet das?	¿Cuánto cuesta?
eine Flasche	una botella
1 Kilo	un kilo
100 Gramm	cien gramos
ein Liter	un litro
eine Dose	una lata
Noch etwas?	¿Algo más?
Das ist alles.	Más nada.
geöffnet	abierto
geschlossen	cerrado

Zahlen

0	cero	20	veinte
1	uno, una	21	veintiuno
2	dos	25	veinticinco
3	tres	30	treinta
4	cuatro	31	treinta y uno
5	cinco		
6	seis	40	cuarenta
7	siete	50	cincuenta
8	ocho	60	sesenta
9	nueve	70	setenta
10	diez	80	ochenta
11	once	90	noventa
12	doze	100	cien
13	trece	200	doscientos, doscientas
14	catorce		
15	quince	500	quinientos
16	dieciséis	1000	mil
17	diecisiete	2000	dos mil
18	dieciocho	5000	cinco mil
19	diecinueve		

Sprachführer 福

Zeitbegriffe

heute/morgen	hoy/mañana
Monat/Woche/Tag	mes/semana/día
Montag	lunes
Dienstag	martes

Mittwoch	miércoles
Donnerstag	jueves
Freitag	viernes
Samstag	sábado
Sonntag	domingo

Die wichtigsten Sätze

Unterwegs

Ist dies die Straße nach ...?	¿Es ésta la carretera de ...?
Wie kommt man nach ...?	¿Por dónde se va a ...?
Wie weit ist es nach ...?	¿A qué distancia está ...?
rechts/links/geradeaus	a la derecha/a la izquierda/todo seguido
Wo ist eine Tankstelle?	¿Dónde está una gasolinera?
Volltanken bitte!	¡Lleno, por favor!
Wo ist die Straße ....?	¿Dónde está la calle ...?
Hilfe/Achtung	ayuda, socorro/atención
Wir haben eine Panne!	¡Tenemos una avería!
Ich habe einen Unfall gehabt!	¡He tenido un accidente!
Ich brauche einen Arzt.	Necesito a un médico.
Rufen Sie einen Krankenwagen/ die Polizei.	Llame a la ambulancia/ a la policia.

Reise und Verkehr

Ich möchte ein ... mieten Auto/Fahrrad	Quisiera alquilar un ... coche/bicicleta
Wann fährt der Bus nach ...?	¿A qué hora sale el autobús para ...?
Wo ist die Bushaltestelle?	¿Dónde está la parada de autobus?
Ein Fahrschein nach ...	Un billete para ...

Im Restaurant

Einen Tisch für ... Personen, bitte	Una mesa para ... personas, por favor
Die Karte, bitte.	La carta, por favor.
Die Rechnung, bitte.	La cuenta, por favor.
Wo sind die Toiletten?	¿Dónde están los servicios?

Unterkunft

Haben Sie ein Zimmer frei?	¿Hay una habitación libre?
Ich möchte ein Zimmer reservieren	Quisiera reservar una habitación
Einzel-/Doppelzimmer	habitación individual/doble
... mit Bad/Dusche	... con baño/ducha
... mit Frühstück	... con desayuno
Was kostet das Zimmer pro Tag/Woche?	¿Cuánto cuesta la habitación por día/semana?

21

Reise-Service

Auskunft

Spanische Fremdenverkehrsämter

... in Deutschland
– Kurfürstendamm 180
10707 Berlin
Tel. 030/882 65 43, Fax 882 66 61
– Grafenberger Allee 100
40237 Düsseldorf
Tel. 0211/680 39 80
Fax 680 39 85
– Myliusstr. 14
60323 Frankfurt a. M.
Tel. 069/72 50 33, Fax 72 53 13
– Schubertstr. 10
80336 München
Tel. 089/53 01 58, Fax 532 86 80

... in Österreich
Walfischgasse 8
1010 Wien 1
Tel. 01/512 95 80, Fax 512 95 81

... in der Schweiz
Seefeldstr. 19
8008 Zürich
Tel. 01/252 79 31, Fax 252 62 04

... im Internet
Weitere Informationen zu Fuerteventura finden Sie unter:
http://www.canaryonline.com
http://www.dumontverlag.de

Reisezeit

Die ›Insel des ewigen Sommers‹ macht ihrem Namen alle Ehre: Rund ums Jahr herrschen angenehme frühsommerliche Temperaturen. In den Wintermonaten werden tagsüber rund 20 °C, im Sommer selten über 30 °C gemessen; die Wassertemperaturen schwanken mit 18–22 °C im Jahresverlauf nur wenig. Sehr gering sind mit durchschnittlich 147 mm/Jahr die Niederschläge. Wenn es einmal regnet, so ist dies normalerweise in den Wintermonaten der Fall. Saison ist eigentlich immer. Mitteleuropäer bevorzugen die Monate Oktober bis Mai, wobei man sich vor allem in den Weihnachts- und Osterferien darauf einstellen muss, dass Flüge und Hotels frühzeitig ausgebucht sind.

Einreise

Für alle Bürger aus den Ländern, die dem Schengener Abkommen beigetreten sind, also auch für Deutsche und Österreicher, entfallen die Passkontrollen bei der Einreise nach Spanien. Dennoch sollte man Reisepass oder Personalausweis mitführen, da diese Dokumente häufig im Hotel, beim Geldwechsel oder beim Anmieten eines Leihwagens vorzulegen sind. Besucher aus der Schweiz benötigen bei der Einreise die Nationale Identitätskarte oder den Reisepass; bei einem über drei Monate hinausgehenden Aufenthalt ist ein Visum erforderlich.
Zollbestimmungen: Aufgrund der Sonderregelungen für die Kanarischen Inseln gelten bei der Wiedereinreise in EU-Länder und in die Schweiz die internationalen Freimengen: 1 l Spirituosen oder 2 l Wein sowie 200 Zigaretten.

Anreise

... mit dem Flugzeug

Die Flugzeit von Mitteleuropa nach Fuerteventura beträgt zwi-

Reise-Service

schen 4 und 5 Std. Üblicherweise buchen Urlauber ein Pauschalarrangement, in dem Flug, Transfer und Unterkunft enthalten sind. Charterflüge sind aber auch ›solo‹ erhältlich. Der Tarif beträgt je nach Saison und Abflughafen etwa 300–450 €. Für Kinder gibt es deutliche Ermäßigungen. Ist man zeitlich nicht gebunden, lohnt es sich, nach den oft sehr günstigen Last-Minute-Angeboten Ausschau zu halten.

Möchte man auch im Urlaub weder auf das geliebte Surfbrett, Fahrrad etc. noch auf den ans Herz gewachsenen Wellensittich (Hund, Katze, Boa Constrictor) verzichten, bedarf das der vorherigen Absprache mit der Fluggesellschaft.

Der Flughafen befindet sich im Osten der Insel in der Nähe der Hauptstadt Puerto del Rosario. Zur Halbinsel Jandía dauert die Fahrt ca. 1 Std., nach Corralejo ca. 45, nach Caleta de Fustes ca. 15 Min.

Wer keine Pauschalreise gebucht hat, kann sich im Büro des Fremdenverkehrsamtes in der Ankunftshalle über Unterkünfte informieren. Dort gibt es auch den Fahrplan der Insel-Busgesellschaft. In der Ankunftshalle des Flughafens findet man auch Vertretungen bekannter internationaler und weniger bekannter insularer Autovermietungen.

... mit dem Schiff

Eine Autofähre der Gesellschaft ›Compañía Trasmediterránea‹ verkehrt einmal pro Woche von Cádiz in Südspanien nach Teneriffa. Von dort besteht Anschluss nach Puerto del Rosario auf Fuerteventura (über Gran Canaria). Die Fahrt dauert etwa 2,5 Tage. Information bei:

DERTRAFFIC
Service-Center Fähren
Fax-Abruf 069/958 87 92 02
(Keine telefonische Auskunft! Buchung nur über Reisebüros.) oder
www.trasmediterranea.es

Unterwegs auf Fuerteventura

... mit dem Bus

Dreh- und Angelpunkt des Liniennetzes der Gesellschaft ›Tiadhe Maxorata Bus‹ (Tel. 928 85 09 51) ist Puerto del Rosario. Von dort aus werden regelmäßig die Strecken Richtung Süden über Gran Tarajal nach Morro Jable sowie Richtung Norden nach Corralejo bedient. Außerdem verkehren in kurzen Abständen Busse zum Flughafen und nach Caleta de Fustes. Andere Strecken werden nur ein- oder zweimal am Tag befahren, und es besteht oft keine Möglichkeit, am selben Tag zurückzukommen. An Sonn- und Feiertagen ist der Busverkehr stark eingeschränkt. Fahrpläne verteilen die Fremdenverkehrsbüros und viele Hotels.

... mit dem Taxi

Taxifahren kostet pro Kilometer ca. 0,60 €, der Mindesttarif beträgt rund 1,80 €. Es gibt keine Taxameter. Stattdessen richtet man sich nach einer Preisliste, die jeder Fahrer mit sich führt.

... mit dem Mietwagen

In den Ferienorten machen sich die bekannten internationalen und die örtlichen Anbieter kräftig

23

Reise-Service

Konkurrenz. Ein Preisvergleich kann nicht schaden. Einheimische Verleihfirmen schneiden bei gleicher Leistung oft sehr viel günstiger ab. Wer es bequem haben möchte, kann schon von zu Hause aus über jedes Reisebüro einen Wagen für ca. 180 € pro Woche buchen, der dann bei Ankunft am Flughafen bereit steht und auch dort wieder abgegeben werden kann. Vor Ort bekommt man einen Kleinwagen schon ab etwa 130 € pro Woche. Bei kürzerer Mietdauer werden ab ca. 25 € pro Tag fällig. Diese Preise verstehen sich einschließlich Vollkasko- und Insassenversicherung, Haftpflicht und Steuern.

Jeeps können vor allem für einen Abstecher nach Cofete oder auf den Pisten zwischen Corralejo und Cotillo gute Dienste leisten. Für diesen Fahrspaß muss man allerdings etwa doppelt soviel Geld wie für einen Kleinwagen auf den Tisch legen. Um der ohnehin schon schütteren Vegetation keinen Schaden zuzufügen, sollte man die Pisten auf gar keinen Fall verlassen. Dies gilt insbesondere für die sehr empfindlichen Dünengebiete!

Die Verkehrsregeln entsprechen im Großen und Ganzen den in Mitteleuropa üblichen; 1 l Benzin kosten ca. 0,70 €.

Organisierte Fahrten

Die meisten Reiseveranstalter führen ebenso wie örtliche Reisebüros organisierte Inselrundfahrten per Bus durch (ca. 25–40 € pro Person). Außerdem gibt es Bootsausflüge, die von Morro Jable oder Corralejo aus starten.

Ausflüge zu den Nachbarinseln

... mit dem Flugzeug

Organisierte Ausflüge (Flug- oder Schiffsreise und Busrundfahrt) nach Lanzarote, Gran Canaria und Teneriffa werden von den örtlichen Reiseveranstaltern angeboten. Wer auf eigene Faust zwischen den Inseln hin und her reisen möchte, kann mit Binter Canarias fliegen. Buchung über örtliche Reisebüros. Nach Gran Canaria kostet der Flug pro Strecke ca. 40 €, nach Teneriffa-Nord ca. 60 €.

... mit dem Schiff

Ab Corralejo verkehren tagsüber ca. zehnmal Autofähren von und nach Playa Blanca an der Südküste von Lanzarote; auch Personenfähren nach Lobos starten ab Corralejo. Nach Gran Canaria gelangt man billiger als mit dem Flugzeug per Tragflügelboot (Jetfoil), das mehrmals wöchentlich zwischen Morro Jable und Las Palmas verkehrt. Fahrzeit 90 Min., Preis hin und zurück ca. 90 €.

Unterkünfte

Die ca. 60 000 Gästebetten auf Fuerteventura verteilen sich vorwiegend auf Jandía Playa, Costa Calma, Caleta de Fustes und Corralejo. Unterkünfte der mittleren und gehobenen Kategorie sind in der Regel von Reiseveranstaltern belegt und über diese oft weit günstiger als zum Listenpreis zu buchen. Die Zimmersuche vor Ort kann sich für Individualreisende

Reise-Service

als recht beschwerlich erweisen, zumal es außerhalb der genannten Zentren nur wenige Unterkünfte gibt. Die spanischen Fremdenverkehrsämter verschicken auf Anfrage eine Liste der Hotels, Apartments und Pensionen mit Preisen und Adressen.

Apartments

In den Katalogen der Reiseveranstalter findet man neben ›richtigen‹ Hotels vor allem Aparthotels und Apartmentanlagen. Erstere gehören meist gehobenen Kategorien an, bieten einen kompletten Hotelservice, aber auch die Möglichkeit zur Selbstversorgung. Apartmentanlagen sind meist nur zweistöckig gebaut, weitläufig und von großen Gärten umgeben. Achten sollte man auf den Unterschied zwischen Studios (schlafen, wohnen und essen in einem Raum) und Apartments (zwei, manchmal auch drei Räume).

Cluburlaub

In den verschiedenen Clubs und clubähnlichen Anlagen auf Fuerteventura trifft man fast ausschließlich deutschsprachige Urlauber. Die ›klassischen‹ Clubs (Aldiana, Robinson) bieten für Singles und Familien eine Rundumversorgung für Körper, Geist und Seele: ein umfangreiches Sportprogramm, komplette Verpflegung und Animation *from dusk till dawn.*

Individualurlauber

Bei Apartments beträgt die Mindestmietdauer meist eine Woche. So ist der, der verschiedene Teile der Insel kennenlernen möchte, meist auf Hotels und Pensionen

angewiesen. In Puerto del Rosario dürfte es kein Problem sein, ein freies (und preisgünstiges) Pensions- oder Hotelzimmer zu bekommen. Pensionen und Apartmentanlagen, die nicht von Reiseveranstaltern ausgebucht sind, findet man außerdem vor allem in Corralejo, Cotillo und Morro Jable.

Camping

›Wildes Campen‹ ist nicht mehr erlaubt. Mit Genehmigung der Gemeindeverwaltung von Pájara (Plaza Central, Tel. 928 85 21 06, Fax 928 85 19 17) dürfen die zwölf offiziellen Zeltplätze (Zonas de Acampada), die sich größenteils auf der Halbinsel Jandía befinden, benutzt werden (keine sanitäre Einrichtungen). Einen gut ausgestatteten Campingplatz gibt es in Tarajalejo und ein kleines, sehr einfaches Campinggelände auf der Insel Lobos.

Reisende mit Behinderungen

Die TUI hat auf Fuerteventura mehrere behindertenfreundliche Hotels im Programm. Informationen und Hinweise enthält der TUI-Zusatzkatalog ›Urlaubsinformationen für Behinderte und ihre Begleiter‹, der im Reisebüro erhältlich ist. Gruppenreisen für Behinderte und Nichtbehinderte veranstaltet nach Lanzarote (mit Abstecher nach Fuerteventura):

Grabowski-Tours
Tannenstr. 1
76744 Wörth/Rhein
Tel. 07271/8575,
Fax 07271/122 23

Orte

An den schneeweißen Dünenstränden von Corralejo baden, den Tindaya, den heiligen Berg der Altkanarier besuchen, in Vega Río Palmas zur Felsjungfrau pilgern, in der Lagune der Playa Barca surfen, köstlichen Fisch in Las Playitas speisen, in La Lajita auf einem Kamel schaukelnd die Welt von oben betrachten, in Cofete eine rätselhafte Villa erforschen: Dieser

on A-Z

Führer zur ›Insel des ewigen Sommers‹ gibt Ihnen nützliche Tipps und ausgesuchte Adressen an die Hand, damit Ihr Urlaub zum Erlebnis wird. Und wer auf Fuerteventura Besonderes sehen möchte, dem seien die Extra-Touren empfohlen. Fuerteventura in kompakter, überschaubarer Form, für alle, die viel entdecken und nichts verpassen möchten.

Orte von A-Z

Alle interessanten Orte und ausgewählte touristische Highlights auf einen Blick – alphabetisch geordnet und anhand der Lage- bzw. Koordinatenangabe problemlos in der großen Extra-Karte zu finden.

Ajuy

Lage: D/E 5

Der entlegene Ort, auch unter dem Namen ›Puerto de la Peña‹ bekannt, belebt sich an den Wochenenden, wenn Einheimische zum Angeln und Fischen hierher kommen. Spezialität des Ortes sind Entenmuscheln *(percebes)*, die von Wagemutigen unter großen Risiken in den Brandungshöhlen der Steilküste eingesammelt werden. Frischen Fisch gibt es in den Restaurants vor allem im Sommerhalbjahr, zwischen Mai und Oktober. Im Winter ist die See für die kleinen, offenen Boote zu rauh, die dann in Schuppen neben den Häusern lagern.

Hafen: Ein breiter Fußweg führt vom Strand Richtung Norden zur Steilküste. Dort erinnern verfallene Hafeneinrichtungen an die Zeit, als der wegen seiner besonderen Reinheit geschätzte Kalkstein von Ajuy nach Gran Canaria verschifft wurde.
Caleta Negra: Neben der Verladeanlage am Hafen stehen die Reste zweier Kalköfen. Dahinter kann man zur ›schwarzen Bucht‹ weiterlaufen, wo steile Treppenstufen zu den **Cuevas** hinunterführen. Der Abstieg ist nur bei ruhiger See zu empfehlen! Die zwei geräumigen Grotten in der Steilküste wurden früher als Lagerräume genutzt. Am späten Nachmittag erhellen Sonnenstrahlen die Eingangsbereiche der Höhlen ein wenig, ansonsten tut eine Taschenlampe gute Dienste.

Der kleine Hausstrand von Ajuy mit dem schaurigen Namen **Playa de los Muertos** (›Strand der Toten‹) ist dunkelsandig bis -kiesig, das Baden gilt als recht gefährlich.

Etwa 2 km landeinwärts von Ajuy mündet der wasserreiche **Barranco de la Madre del Agua** ins Haupttal. Ein wenig unterhalb eines auffälligen weißen Hauses folgt man von der Straße aus zu Fuß einem breiten Feldweg zum Talgrund, geht im Bachbett etwa 500 m talaufwärts, dann links zum Palmenhain in der Barranco-Mündung. Das ganze Jahr über plätschern hier Rinnsale – eine Besonderheit auf der ansonsten so trockenen Insel. Singvögel trällern, Frösche quaken ...

Orte von A bis Z **Antigua**

- Sightseeing
- Museen
- Baden/Strände
- Sport & Freizeit
- Ausflüge
- Information
- Hotels
- Restaurants
- Shopping
- Nightlife
- Feste
- Verkehr

Die drei kleinen Restaurants im Ort tun sich nicht viel (alle moderat). Frischen Fisch und Meeresfrüchte gibt es im **Puerto de la Peña** (**Casa Pepín;** tgl. geöffnet) und im **Centro Cultural de Ajuy** gleichermaßen. Julian Brito, Inhaber der Bar **Jaula de Oro** (›Goldkäfig‹), gilt als Original. Er serviert Fassbier und Tapas in witzigem Ambiente (tgl. außer So).

Antigua

Lage: F 5
Extra-Tour 4: s. S. 90
Einwohner: ca. 3000

Die weiß gekälkten Häuser von Antigua sind über die zentrale Ebene Fuerteventuras verstreut, umgeben von auffällig rötlichem Ackerland. Als die Landwirtschaft noch florierte, war ›die Alte‹ ein wichtiger Ort. An diese Zeit erinnern außer ein paar alten Herrenhäusern vor allem die Ruinen einiger Windmühlen, von denen die letzte 1950 stillgelegt wurde. Ein Jahr lang durfte sich Antigua im 19. Jh. sogar mit der Hauptstadtwürde der Insel schmücken. Auf die Pflege traditionellen Kulturguts legt man besonderen Wert. Der Name des Vereins ›Mafasca‹ erinnert an ein sagenhaftes Irrlicht, das angeblich immer wieder in der Mafasca-Ebene bei Antigua gesehen wurde. Er organisiert Kunsthandwerksmessen und Märkte.

 Iglesia Nuestra Señora de Antigua: Pl. Cruz de los Caídos, vormittags meist geöffnet. Die Pfarrkirche wurde am Platz einer legendären Marienerscheinung errichtet; andalusische Einwanderer hatten den Kult der Jungfrau von Antigua nach Fuerteventura gebracht. Schöne, im Mudéjar-Stil geschnitzte Holzdecke. (Der Mudéjar-Stil ist die Kunstrichtung der Mudejaren, der nach der Reconquista auf der Iberischen Halbinsel verbliebenen Mauren.) Auf dem idyllischen Vorplatz genießt man den angenehmen Schatten von Palmen und Lorbeerbäumen.

Centro de Artesanía Molino de Antigua: Am nördlichen Ortsrand, Di–Fr u. So 9.30–17.30 Uhr. Eintritt ca. 1,80 €, Kinder bis 12 Jahre frei.

Die vierflügelige und restaurierte Windmühle verweist auf einen verlassenen Gutshof, der zu einem

Antigua

Orte von A bis Z

Freilichtmuseum umgestaltet wurde. Das ehemals herrschaftliche Haus besitzt eine typische Balkongalerie im Obergeschoss – Holzbalkone waren auf der waldarmen Insel seit jeher ein Zeichen für Reichtum. Nebenan steht ein flacher Rundbau, der früher als Kornspeicher diente. Der neu angelegte Garten glänzt durch Drachenbäume, Kakteen und andere Trockenheit liebende Gewächse. Das Hauptgebäude im Gutshausstil mit Cafeteria im Innenhof ist wechselnden Ausstellungen gewidmet. Außerdem werden altkanarische Funde aus der Cueva de Villaverde (3.-14.Jh.) gezeigt. Zu sehen sind ein rekonstruiertes Grab, Werkzeuge, Getreidemühlen und Keramik.

5 km nördlich von Antigua liegt das ehemalige Bauerndorf **La Ampuyenta** (F 4/5), dessen Bewohner heute überwiegend in Puerto del Rosario arbeiten. Die schneeweiß getünchte **Ermita de San Pedro de Alcántara** gilt als eine der schönsten Kirchen Fuerteventuras. Ausnahmsweise wurde der barocke Glockenstuhl hier nicht über der Frontfassade, sondern seitlich angebracht. Den Kirchhof umgibt eine zinnengekrönte Mauer, wie sie ähnlich auf der Insel erstaunlich häufig zu finden ist. Vorbilder aus dem arabischen Kulturkreis sollen für diese Form der Architektur Pate gestanden haben. Nebenan erinnert ein restaurierter **Gutshof** mit typisch kanarischen Holzbalkonen an die Zeit, als in La Ampuyenta die Landwirtschaft noch florierte.

El Artesano:
Calle Real 3,
Tel. 928 87 80 39, günstig.
Im Haus der gleichnamigen Bar. Einfach, aber alle Zimmer mit Bad.

La Flor de Antigua:
Carretera de Betancuria 43,
Tel. 928 87 81 68, Di geschl., moderat.
Ein sehr empfehlenswertes Restaurant. Alles wird frisch und nach traditionellen Rezepten zubereitet.

Ein **Kunsthandwerksladen** im Centro de Artesanía Molino de Antigua offeriert Produkte des Vereins ›Mafasca‹.

Ende Mai bzw. Anfang Juni wird die **Feria Insular de Artesanía** gefeiert (s. S. 14).
Fiesta Nuestra Señora de Antigua am 8. Sept. zu Ehren der Schutzheiligen.
Ranchos de Pascua am 24. Dez. (s. S. 15).

Bus: Linie 1 verbindet Puerto del Rosario und Morro Jable vier- bis achtmal tgl. (über Antigua).

Betancuria

Lage: F 5
Extra-Tour 3: s. S. 89
Einwohner: ca. 200

Die alte Hauptstadt Fuerteventuras liegt malerisch eingebettet in ein fruchtbares, windgeschütztes Tal. Hier im Bergland fanden die ersten europäischen Siedler im 15. Jh. Schutz vor Sarazenen, die von Nordafrika aus die Küsten der Insel unsicher machten. Heute wirkt Betancuria mit seinen vornehmen Bürgerhäusern und Adelspalästen und der prächtigen Pfarrkirche wie ein Museum aus der Eroberungszeit. Der ganze Ort steht unter Denkmalschutz, keine hektische Betriebsamkeit stört die Idylle: Hier ist die Zeit stehen geblieben.

Orte von A bis Z **Betancuria**

Tip für Tapa-Liebhaber: die Casa Santa María in Betancuria

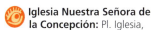 **Iglesia Nuestra Señora de la Concepción:** Pl. Iglesia, Besichtigung für je ca. 30 Min. Mo–Fr 11–17, Sa 11–16 Uhr jeweils zur vollen Stunde, Eintritt ca. 0,60 €; die Eintrittskarte gilt auch für das Museo de Arte Sacro, s. u.

Dickes Mauerwerk und sehr weit oben angebrachte, kleine Fenster kennzeichnen den wehrhaften Kirchenbau, in dem sich die Bewohner von Betancuria im Falle eines Piratenüberfalls in Sicherheit bringen konnten. Die Pfarrkirche wurde im Verlauf des 17. Jh. im Mudéjar-Stil errichtet (s. S. 29). Typisch für diesen Stil ist die dunkle, aus dem festen Holz der Kanarischen Kiefer geschnitzte Decke. Im rechten Seitenschiff hinten hängt ein außergewöhnlich großes Ölgemälde mit der auf Fuerteventura sehr populären Darstellung des Jüngsten Gerichts. Der hölzerne Hauptaltar der Kirche von 1684 wurde in der Barockzeit gefertigt und teils mit Blattgold überzogen, teils aufwendig mit Früchten und Landschaftsszenen bemalt. Besonders wertvoll ist die Statue der hl. Katharina in einem Altar an der hinteren linken Seitenwand. Sie gilt als eine der ältesten Heiligenfiguren der Insel. Das Eingangsportal mit der päpstlichen Tiara und zwei Schlüsseln im Giebel ist eine Steinmetzarbeit der ausgehenden Renaissance.

Den ruhigen Kirchenvorplatz umgibt ein Ensemble alter **Stadtpaläste** mit den typischen kanarischen Holzbalkonen: Hier residierte in früheren Jahrhunderten standesgemäß der Inseladel.

Convento de San Buenaventura: Nördlich des Ortskerns, etwas unterhalb der Hauptstraße gelegen. Hier steht das, was von dem ehemaligen Franziskanerkloster übrigblieb, nachdem es 1836 im Zuge der Säkularisierung aufgelöst und anschließend von der Bevölkerung als Steinbruch zweckentfremdet worden war. Sieben Franziskaner waren gemeinsam mit den normannischen Eroberern

Betancuria

Orte von A bis Z

nach Fuerteventura gekommen und hatten von hier aus die Altkanarier missioniert. Der Kirchenbau ist – bis auf die geschnitzte Holzdecke, die angeblich von einem der Mönche gewinnbringend verkauft wurde – noch einigermaßen gut erhalten. Dagegen sind die angrenzenden Gebäude bis auf Reste des Kreuzgangs dem Zahn der Zeit zum Opfer gefallen. Vor einigen Jahren wurde die Ruine restauriert und in eine parkartige Anlage integriert.

Capilla San Diego de Alcalá:
Gegenüber des Convento de San Buenaventura, meist geschl.

Die von einer zinnenbekrönten Mauer umgebene Kapelle wurde über der Höhle erbaut, in welcher der Sage nach der hl. Didacus (San Diego) dereinst ein Eremitendasein fristete (Extra-Tour 3, s. S. 89).

Museo de Betancuria:
Calle Roberto Roldán, Di–Sa 10–17, So 11–14 Uhr, Eintritt ca. 0,50 €

In einem ehrwürdigen Stadthaus werden archäologische Funde (Keramik, Werkzeuge und Schmuck der Altkanarier) anschaulich präsentiert. Ein Raum ist prähistorischen Fruchtbarkeitsstatuetten gewidmet, ein weiterer Hausrat und Geräten aus der Zeit nach der Conquista. Die Bronzekanonen im Vorgarten wurden 1740 einem englischen Eroberungstrupp in der Schlacht bei Tuineje abgejagt.

Museo de Arte Sacro: Calle Milicias Insulares, die Eintrittskarte der Iglesia Nuestra Señora de la Concepción gilt auch für das Museum, jeweils 30 Min. nach Besichtigung der Kirche (s.o.).

Etwas abseits des Kirchplatzes ist das Museum für sakrale Kunst in einem alten Patrizierhaus untergebracht. In vier Räumen werden u. a.

Kirchensilber, Skulpturen und Gemälde aus verschiedenen Kirchen und Kapellen Fuerteventuras gezeigt, wobei man insbesondere auf die vier Marienszenen aus der Sakristei der Pfarrkirche achten sollte, ein Werk aus dem Barock. Wertvollstes Ausstellungsstück ist das Eroberungsbanner mit dem Inselwappen, das dem Lehnsherrn Diego García de Herrera 1454 vom kastilischen König verliehen wurde.

Casa Santa María: Pl. Iglesia, tgl. 11–16 Uhr, Eintritt ca. 5 €, Kinder bis 10 Jahre ca. 2,50 €.

In einem liebevoll hergerichteten Stadtpalast am Kirchplatz kann man Keramikern, Flechtern, Stickerinnen und Webern bei der Arbeit zuschauen. Jede halbe Stunde beginnt eine Multivisions-Show der Fotografen Reiner Loos und Luis Soltmann, die ›ihre‹ Insel interpretieren. Eine Wein- und Käseprobe ist im Eintrittspreis enthalten. Außerdem gibt es eine Sammlung alter landwirtschaftlicher Geräte sowie wechselnde Kunstausstellungen zu sehen.

Mirador Morro Velosa:
Aussichtspunkt nahe der Passhöhe an der Straße Richtung Antigua, von César Manrique entworfen. Man blickt weit über die zentrale Inselebene; mit Café/Restaurant, tgl. 10–18 Uhr.

Valtarajal: Calle Roberto Roldán 6, Tel. 928 87 80 04, tgl. geöffnet, günstig.
Schlichte kanarische Küche zum Sattwerden, unkompliziert.

Casa Santa María: Pl. Iglesia, Tel. 928 87 82 82, tgl. 11–18, moderat.
Tapas und gehobene Inselküche speist man wahlweise im windgeschützten Innenhof oder auf der Sonnenterrasse.

Orte von A bis Z — **Caleta de Fuste**

Centro Insular de Artesanía: Calle Roberto Roldán. Das Kunsthandwerkszentrum der Inselregierung verkauft einheimische Stickereiarbeiten, Keramik und auch Flechtwaren. Ausstellung traditioneller Handarbeiten.

Fiesta de San Buenaventura am 14. Juli (s. S. 15).

Bus: Linie 2 verkehrt zweimal tgl. (außer So) von und nach Puerto del Rosario.

Caleta de Fuste

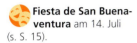

Lage: H 5

Als Familienparadies gilt der Ferienort Caleta de Fuste, den man in den Katalogen der Reiseveranstalter auch unter dem Namen ›El Castillo‹ findet. Einen alten Ortskern gibt es nicht. Stattdessen erstrecken sich hinter dem Strand weitläufige Bungalowanlagen, meist umgeben von schönen Gartenanlagen. Man sollte darauf achten, ob man diesseits oder jenseits der Durchgangsstraße untergebracht ist, auf der sich der gesamte Transitverkehr zwischen dem Flughafen und den Ferienstädten im Süden bewegt. Einen Hauch von Freiheit und Abenteuer verspürt man am Hafen, wo neben den Fischerbooten die Yachten der Transatlantiksegler anlegen.

Puerto del Castillo: In diesem Hafen wurden früher die landwirtschaftlichen Produkte der Stadt Antigua verschifft. Heute wird er von Fischerbooten, vor allem aber von Yachten genutzt. Für ein unverwechselbares Flair sorgen die Transatlantiksegler, die sich vor allem in den Herbstmonaten hier einfinden.

Früher wurden hier die Erzeugnisse von Antigua verschifft: Puerto del Castillo

Caleta de Fuste

Orte von A bis Z

Salinas del Carmen bei Caleta de Fuste

Man muss nicht unbedingt zur Yachtie-Szene gehören, um es zu genießen, an der Mole auf- und abzuschlendern und vielleicht auf ein paar Tapas in der Terrassenbar der Hafenmeisterei einzukehren, die mit ihrem überkuppelten Turm so etwas wie das Wahrzeichen von Caleta de Fuste ist. Neueste Attraktion im Hafen ist das »Micro-Oceanarium«, wo man die bei Fuerteventura vorkommenden Meerestiere aus nächster Nähe bewundern kann. Die Wasserkäfige sind mit aufschlussreichen Informationstafeln versehen.
Castillo de Fuste: Nachdem im Jahr 1740 ein britisches Korsarenkorps auf Fuerteventura gelandet war und man weitere Überfälle befürchten musste, wurde zur Verteidigung des Hafens und des Strandes das Castillo de Fuste errichtet. Der gedrungene Festungsbau steht heute inmitten der Anlage ›Barceló Club Castillo‹ und ist daher nicht zu besichtigen.

Die gelbsandige, halbmondförmige **Playa del Castillo** ist durch eine lange Hafenmole gut gegen die Brandung geschützt. So können auch die Kleinsten relativ gefahrlos baden.

Tauchen: Centro de Buceo ›El Castillo‹, Puerto del Castillo, Tel./Fax 928 87 81 00.
Vom Yachthafen aus veranstaltet Jochen Georg Anfängerkurse und Tauchgänge.
Surfen: El Castillo,
Tel. 928 16 31 00,
Fax 928 16 30 42.
Verleih und Schnupperkurse. Die ruhige Bucht eignet sich hervorragend für erste Versuche auf dem Brett.
Fahrradverleih: ›Sunride Bike‹ im Aparthotel ›Puerta del Sol‹ (auch geführte Touren) und in den ›Apartamentos La Luna‹ (auch Motorräder).
Gelegenheit zum **Mitsegeln** auf einem Katamaran oder zur Ausfahrt mit dem **Glasbodenboot** im Puerto del Castillo (nähere Informationen am Micro-Oceanarium). Kinder haben Spaß an einem **Kamelritt**, den man an der Playa del Castillo unternehmen kann.

Ein komfortabler Fuß- und Radweg führt an der Küste entlang Richtung Süden. Nachdem man den Strand von Caleta de Fustes hinter sich gelassen hat, trifft man auf eine sorgfältig restaurierte **Kalkbrennerei.** Im 19. Jh. war gebrannter Kalk ein wichtiges Ausfuhrprodukt Fuerteventuras. Der Weg endet nach ca. 5 km kurz vor Las Salinas an den **Salinas del Carmen.** In den zahlreichen, winzigen Becken der Salinenanlage wird durch Verdunstung Meersalz gewonnen. Früher belieferte man die Fischkonser-

Orte von A bis Z

Casillas del Ángel

venfabrik in Puerto del Rosario, die allerdings 1984 geschlossen wurde. Zwischenzeitlich war die Salzproduktion stark zurückgegangen. Doch wurden die Salinen restauriert, und heute sind wieder fotogen im Sonnenlicht glitzernde Salzkegel neben den Salinenbecken aufgehäuft.

Oficina de Turismo: beim Castillo Centro, Tel. 928 16 32 86, Mo–Fr 8–15 Uhr.

Barceló Club Castillo: El Castillo, Tel. 928 16 30 46, Fax 928 16 30 42, moderat. Hier steht einem gelungenen Urlaub nichts mehr im Weg. Die von der spanischen Regierung preisgekrönte Architektur ist schon Legende. Zentraler Treffpunkt gleich hinter dem Strand ist die Plaza mit Cafés und Geschäften. Rundum gruppieren sich im kanarischen Stil erbaute Bungalows.
Apartamentos La Tahona Garden: El Castillo, Tel. 928 16 30 16, Fax 928 16 33 59, moderat. Ruhig und freundlich gestaltet. Zur Playa sind es etwa 500 m.

Frasquita: Playa del Castillo, tgl. geöffnet, moderat. Fisch und Meeresfrüchte aus eigenem Fang. Lockere Atmosphäre.
Típico Canario: Centro Comercial El Castillo, moderat. Bei Einheimischen sehr beliebt. Die Einrichtung ist typisch kanarisch: einfache Holztische und Stühle, Papiertischdecken oder auch mal keine. Unverfälschte Hausmannskost.
El Puerto Castillo: Am Hafen, Tel. 928 16 31 00, nur abends geöffnet, Mo geschl., teuer. Gehobene internationale Küche, auch vegetarisch. Schöner Blick

über den Yachthafen. Spezialität: Kalbsroulade mit Krabbenfüllung.

Live-Musik gibt es häufig im Innenhof des **Castillo Centro**, um den sich diverse Kneipen gruppieren. Oldie-Fans treffen sich im **The Cavern** im Yachthafen, wo Frank Young, einst Mitglied der legendären Hermans Hermits, allabendlich (außer Sa/So) eine mitreißende One-Man-Show abzieht. In **Piero's Musik-Café** (Centro Comercial El Castillo) geben sich Elvis-Imitatoren, Transvestiten und brasilianische Tanzgruppen die Türklinke in die Hand.

Fiesta Nuestra Señora del Carmen am 15./16. Juli zu Ehren der Schutzpatronin der Fischer und Seeleute.

Bus: Halbstündliche Verbindung (Linie 3) zum Flughafen und nach Puerto del Rosario.
Minizug: Verkehrt regelmäßig zwischen Ferienanlagen, Einkaufszentren und Strand.

Casillas del Ángel

Lage: F/G 4

Umgeben von einer kargen Hügellandschaft, liegt Casillas del Ángel im Einzugsbereich von Puerto del Rosario. Viele Bewohner pendeln zu ihren Arbeitsstätten in die Hauptstadt. Stillgelegte Bauernhöfe und die Ruine eines herrschaftlichen Gutshauses erinnern an die Zeit, als man in Casillas del Ángel vom Getreideanbau lebte.

Iglesia de Santa Ana: Nur zur Messe geöffnet. Wahrzeichen des Ortes ist die Pfarrkirche aus dem 18. Jh. Ein Zwillings-

35

Cofete

Orte von A bis Z

glockenturm beherrscht die barocke Natursteinfront, die mit dem ansonsten weiß gekalkten Bau angenehm kontrastiert.

Bus: Linie 1 von Puerto del Rosario nach Morro Jable passiert vier- bis achtmal täglich Casillas del Ángel.

Cofete

Lage: B 9

In einer kargen Küstenebene drängen sich die wenigen Häuser von Cofete zum Schutz vor dem häufig recht kräftigen Wind hinter einem Hügel zusammen. Sie wurden aus dunklem Naturstein ganz flach erbaut, um dem Wind keine Angriffsfläche zu bieten. Hinter dem Ort erheben sich die steilen Felswände des Talkessels El Golfo, die man mit dem Wagen nur auf einer Piste über den 223 m hohen Pass Degollada de Agua Oveja überwinden kann. Früher erstreckten sich Obstplantagen rings um Cofete. Doch mit der zunehmenden Abholzung und Überweidung der angrenzenden Berge trocknete das Tal aus, die Quellen versiegten; so sahen sich die Bewohner zu Beginn des 20. Jh. gezwungen, ihr Dorf zu verlassen. Seither werden die Häuser nur noch einen Teil des Jahres von Ziegenhirten genutzt.

Rätselhaft sind bis heute die Ereignisse, die sich in den 30er und 40er Jahren des 20. Jh. in Cofete abgespielt haben. Der deutsche Ingenieur Gustav Winter pachtete 1937 die gesamte Halbinsel Jandía, wohl im Einvernehmen mit General Franco. Gerüchte, er habe im Auftrag Hitlers gehandelt, wollen bis

Geheimnisumwittert: Villa Winter bei Cofete

Orte von A bis Z **Corralejo**

heute nicht verstummen. Vom Bau eines U-Boot-Stützpunktes ist die Rede, der allerdings unvollendet geblieben sei; unerwünschte Besucher habe man mit Stacheldraht und Wachhunden ferngehalten. Nach dem Krieg machte Winter das Tal von Cofete zu einem Weidegebiet und verkaufte Ziegenkäse nach Gran Canaria, wo er auch bis zu seinem Tod im Jahr 1971 lebte.

Villa Winter: 1,5 km östlich von Cofete (ca. 20 Min. Fußweg). Die geheimnisvolle Villa, die Gustav Winter im Stil eines spanischen Gutshofes angelegt hatte, wurde nie fertiggestellt. Die spanische Presse unterstützt die These, Hitler habe, nachdem er den Krieg verloren sah, die Villa als Exilsitz für sich errichten lassen. Außerdem wird gemutmaßt, hohe Nazis seien über Fuerteventura nach Südamerika geschleust worden.

Ihr Geheimnis hat die Villa Winter bisher nicht preisgegeben. Daran wird wohl auch die Tatsache nichts ändern, dass die Gemeinde Pájara das Anwesen kürzlich den Winter-Erben abkaufte. Über die künftige Nutzung wurde noch nicht entschieden.

Die beiden Strände **Playa de Cofete** und **Playa de Barlovento** (Extra-Tour 1, s. S. 85), zwei aneinander angrenzende einsame Naturstrände von insgesamt 10 km Länge, eignen sich wunderbar für lange Spaziergänge oder – wenn der Wind nicht zu stark bläst – einfach zum Sonnen. **Vorsicht**: Das Baden gilt wegen gefährlicher Strömungen als lebensgefährlich!

Cofete: Einziges Lokal des Ortes und nicht zu verfehlen. Jeepfahrer geben sich auf der windgeschützten Terrasse ein Stelldichein, moderat.

Corralejo

Lage: H 1
Einwohner: ca. 3500

Rasant ging seit den 70er Jahren des 20. Jh. die Entwicklung des Ortes von einem kleinen Fischerdorf zum Ferienzentrum vonstatten. Hier dominieren die deutschen Urlauber nicht so sehr wie sonst auf Fuerteventura; vielmehr geht es recht international zu. In dem betriebsamen Hafen liegen Fischerboote neben Segelyachten, und regelmäßig legen die Fährschiffe nach Lanzarote ab. Es gibt einen alten Ortskern, der noch nicht vollständig von Restaurants, Pubs und Discotheken erobert wurde. Und nirgendwo sonst auf Fuerteventura sind die Auslagen

Corralejo
Orte von A bis Z

so bunt wie in den Boutiquen und Souvenirläden von Corralejo.

Direkt am Ort, an den Hafen angrenzend, gibt es einen Strand, der allerdings nicht mit den außerhalb gelegenen berühmten Sandstränden konkurrieren kann. Hotel- und Bungalowanlagen erstrecken sich vom Ortszentrum Richtung Osten bis zum Anfang der 8 km langen und extrem hellsandigen **Playas de Corralejo,** die völlig naturbelassen blieben – sieht man einmal von den zwei Hotels ab, die vor dem Bebauungsstopp errichtet wurden. Dahinter dehnt sich über eine Fläche von 24 km² das riesige Wanderdünengebiet **El Jable** aus, das als landschaftlicher Höhepunkt Fuerteventuras gilt.

Fahrradverleih
Volcano Biking:
Calle Acorazado España 10–12, Tel. 928 53 57 06.
Führender Anbieter im Ort. ›Normale‹ Fahrräder und Mountainbikes ab ca. 5 € pro Tag, im Winter auch organisierte Touren. Außerdem vermieten zahlreiche Hotels und Apartmentanlagen Fahrräder an ihre Gäste.

Hochseeangeln
Pez Velero: Tel. 928 86 61 73, oder direkt im Hafen nachfragen. Ausfahrten tgl. 8.30 Uhr (außer So), Preis 30 €, Ausrüstung wird gestellt. Die besten Fanggründe für Thunfische, Blauen Marlin und Barrakudas befinden sich vor der Isla de los Lobos.

Glasbodenboot
Rundfahrten mit der Celia Cruz über die fischreiche Meerenge El Río, zu buchen direkt am Hafen oder telefonisch unter Tel. 607 54 89 87.

Surfen
›Hawaii Europas‹ und ähnliche Superlative müssen für die Surfreviere rund um Corralejo herhalten; ganzjährig wehen hier 4–6 Windstärken. Dem dabei entstehenden Speed sind nur Könner gewachsen. Die treffen sich bevorzugt am ›Schießplatz‹ an der **Punta de la Tiñosa** (etwa 2 km nördlich des Ortes) oder am **Flag Beach** (westlich vom Hotel ›Tres Islas‹).

Ventura Surf Center:
Neben den Apartamentos Hoplaco am Strand. Kurse und Brettverleih, Tel./Fax 928 86 62 95.

Wellenreiten
Natural Surf: Tel. 928 53 57 06. Buchbar auch über Vulcano Biking (s.o.).

Tauchen
Als Taucherparadies ist die Meerenge El Río zwischen Corralejo und der Insel Lobos bekannt.

Dive-Center Corralejo: Calle Nuestra Señora del Pino 22, Tel. 928 53 59 06, Fax 928 86 62 43. PADI-Tauchschule.

TRENDive-Center: Club Trendorado, Calle las Dunas s/n, Tel./Fax 928 86 72 90, www.atlantik-tauchen.de. Schnuppertauchen gratis. Kurse vom Anfänger bis zum Open Water Diver.

Tennis
Tenniscenter Hai Spin: drei Plätze im Club Trendorado, Calle Las Dunas s/n, Tel. 928 53 52 58; zwei Plätze im Hotel Dunapark, Av. General Franco, Tel. 928 53 52 51. Auch Gäste, die nicht im Club bzw. Hotel wohnen, können hier dem weißen Sport frönen. Unterricht, Platzvermietung, Verleih von Ausrüstung, Turniere.

Im Südwesten des Ortes erhebt sich nahe der Straße nach La Oliva der 269 m hohe Vulkankegel **Bayuyo** (G 1), ein beliebtes Ausflugsziel für Spaziergänger (ca. 2 Std. 30 Min. hin und zurück). Man kann ihn auf einem Fußweg

Orte von A bis Z **Corralejo**

1 Calle Almirante Carrero Blanco

relativ leicht besteigen und genießt von oben einen schönen Blick über El Jable und die Nachbarinseln Lobos und Lanzarote.

Zu Fuß, per Mountainbike oder mit dem Jeep erreicht man auf einer holprigen Piste entlang der Küste die 10 km entfernten **Casas de Majanicho** (G 1). In einer kleinen, von dunklen Lavazungen umgebenen Bucht ist hier ein natürliches Badebecken entstanden, wo sich auch Kinder meist gefahrlos abkühlen können. Vorsicht ist allerdings bei Flut geboten, vor allem dann, wenn zugleich starke Bran-

39

Corralejo

Orte von A bis Z

Playas de Corralejo, Surferparadies Flag Beach: ob zum Sonnen ...

dung herrscht. Wohlhabende Einheimische haben rings um das Naturschwimmbad ihre Ferienhäuser errichtet. Hinweis für Unermüdliche: Die Piste führt – in noch schlechterem Zustand – weiter bis zum **Faro de Tostón** (s. S. 47).

Oficina de Turismo: Plaza Pública de Corralejo, Tel. 928 86 62 35, Fax 928 86 61 86, Mo–Fr 8–14.30, Sa 9–12 Uhr.

 Manhattan: Calle Gravina 32, Tel. 928 86 66 43, Fax 928 86 63 98, moderat. Bewährte Anlaufstelle für Individualreisende. Frisch renoviert, sauber.

Corralejo Beach: Av. General Franco s/n, Tel. 928 86 63 15, Fax 928 86 63 17, moderat. Komfortables, recht günstig in Strand- und Zentrumsnähe gelegenes Hotel. Die Zimmer zur Straße hin sind allerdings von Verkehrslärm betroffen.

Atlantis Las Agujas: Av. Grandes Playas 99, Tel. 928 86 64 49, Fax 928 53 51 77, moderat. Pluspunkt dieser Anlage: Sie liegt am Anfang des unbebauten Dünenstrandes. Zum Ortszentrum sind es allerdings 2 km, die aber mit dem Minizug (s. u.) in 25 Min. bewältigt werden können. Die nüchtern-sachliche, dreistöckige Anlage verfügt über 160 Wohneinheiten für Selbstversorger, doch kann man auch Halbpension buchen.

Apartamentos Los Barqueros: Av. Grandes Playas, Tel. 928 53 52 51, Fax 928 53 54 91, moderat. 80 gepflegte Apartments, die sich um einen Palmengarten gruppieren. Wer nicht selbst kochen mag, kann Halbpension buchen. Für Familien mit Kindern gibt es günstige Angebote. Nicht weit von Strand und Ortszentrum entfernt.

Apartamentos Hoplaco: Av. General Franco 45, Tel./Fax 928 86 60 40, moderat.

Orte von A bis Z **Corralejo**

... oder in Aktion

Wer nicht inmitten von Pauschaltouristen wohnen, aber dennoch den Luxus eines Studios oder Apartments nicht missen möchte, liegt hier goldrichtig. Die Wohneinheiten sind recht unterschiedlich ausgestattet, je nach Gusto der – meist privaten – Eigentümer. Optimal ist die Lage direkt am Strand, schön auch der schattige Garten mit hohem Baumbestand.

Club Trendorado: Calle Las Dunas, Tel. 928 53 52 58, Fax 928 53 54 74, moderat.
An ein junges, geselliges Publikum wendet sich dieser Ferienclub. 374 geräumige Zimmer stehen zur Verfügung, die pauschal oder auch vor Ort gebucht werden können. Rund um die Uhr ist hier Action angesagt – von der Frühgymnastik bis zum Zapfenstreich. Es gibt nichts, was es nicht gibt: Driving Range und Putting Green für Golfanfänger, Mountainbike-Station, Surf- und Segelkurse sind die Highlights aus dem Sportprogramm. Am Abend steht die Plaza mit Theater, Disco und ›Mitternachts-Grill‹ im Mittelpunkt des Geschehens.

Atlantis Dunapark: Av. General Franco, Tel. 928 53 52 51, Fax 928 53 54 91, teuer.
Viele Veranstalter bieten dieses schicke Hotel pauschal an. Beheizter Pool, zwei Tennisplätze (s. o.), Sauna und Whirlpool sind hier selbstverständlich. Im Garten spenden tropische Büsche und Bäume Schatten, und die geräumigen Zimmer sind mit hellen Möbeln wohnlich ausgestattet. Wem die nahegelegene Sandbucht nicht genügt, der wird kostenlos zum 5 km entfernten Dünenstrand gefahren.

Riu Oliva Beach: Playas de Corralejo, Tel. 928 86 61 00, Fax 928 86 61 54, teuer.
Das kinderfreundliche Hotel liegt direkt am Strand. Es bietet wahlweise zweckmäßig eingerichtete Zimmer oder Apartments.

Riu Palace Tres Islas: Playas de Corralejo, Tel. 928 53 57 00, Fax 928 53 58 58, Luxus.

Corralejo
Orte von A bis Z

Nach wie vor das Spitzenhotel der Insel in Top-Lage direkt am Dünenstrand. Weit und breit sind das ›Tres Islas‹ und das benachbarte ›Riu Oliva Beach‹ die einzigen Gebäude, und dies wird dank strenger Bauvorschriften auch in Zukunft so bleiben. Damit trotz der Abgeschiedenheit keine Langeweile aufkommt, wird den (in der Regel gutsituierten) Gästen alles geboten, was ein sportlich-elegantes Hotel ausmacht: mehrere Bars, Ladenzeile, Friseur, Pool-Landschaft und ein umfangreiches Sport- und Fitnessprogramm.

Aus der Riesenauswahl seien einige besonders renommierte oder originelle Lokale genannt:

El Rincón del Périco:
Calle Iglesia s/n, Tel. 928 86 61 79, tgl. geöffnet, günstig.
Echte kanarische Tapas-Bar und super Paella.

La Factoría: Av. Marítima 9, Tel. 928 53 57 26, Sa geschl., günstig.
Ungezwungenes Ambiente für eher jüngeres oder jung gebliebenes Publikum. Man kann in aller Ruhe das Treiben am Strand und in den gegenüberliegenden Restaurants beobachten.

Frío del Pescador: Calle El Muelle 16, Tel. 928 86 76 83, tgl. geöffnet, moderat.
Ehemaliges Kühlhaus der Fischer. Meeresfrüchte und Fisch sind immer frisch.

Marquesina: Calle del Puerto, Tel. 928 86 61 57, tgl. geöffnet, moderat.
Beliebtes Fischlokal mit Blick aufs Meer. Ein Klassiker, an dem man nicht vorbeikommt, auch wenn es oft etwas hektisch zugeht. Üppige Portionen.

El Sombrero: Av. Marítima 25, Tel. 928 86 75 31, Mi geschl., moderat.

Neben den Segelyachten liegen ihre Boote: Fischer in Corralejo

Orte von A bis Z **Costa Calma**

Tony und Quetta aus der Schweiz tischen in rustikaler Atmosphäre Spezialitäten nicht nur aus ihrem Heimatland auf.

Eine **deutsche Metzgerei** findet man in der Calle Acorazado España.
Galería La Fuentita: Calle Almirante Carrero Blanco 2. Bunte Auswahl an Souvenirs, teilweise von Fuerteventura. Modeschmuck, Batiken, Keramik.
Mystic: Calle Isla de Lobos 4. Naturprodukte, z.B. aus Aloë Vera hergestellte Artikel, allerlei Duftwässerchen und Kleidung.
Boutique Arco Iris: Calle Méndez Pinto 2. Sommermode im Flatterlook, geflochtene Taschen, origineller Schmuck.
Tesoro Artesanía: Calle Dr. Aristides Hernandéz Moran 4. Afrikanisch anmutende Souvenirs: moderne Keramik, Batiken, Schmuck. Montags und freitags **Trödelmarkt** mit afrikanischem Kunsthandwerk, Lederwaren, Stickerei auf dem Gelände gegenüber der Cepsa-Tankstelle am Ortseingang (9–14 Uhr).

Nirgends auf Fuerteventura ist nachts so viel los wie in Corralejo, der internationalen Surferszene sei's gedankt. Am frühen Abend trifft man sich in **The Rogue's Gallery,** Calle Baleina. In der gemütlichen, modern eingerichteten Musikbar klingt der Tag gut aus. Eine wichtige Anlaufstelle ist immer noch das **Centro Atlántico,** wo man im **Alpha 2** zum Drink Formel 1-Rennen gucken kann. Begehrteste Location ist auch 2002 wieder der **Waikiki Beach Club** in der Calle Dr. Aristides Hernández Morán 11. Am späteren Abend füllt er sich, und ab Mitternacht geht es partymäßig am Strand oder an der Bar richtig zur Sache.

Fiesta Nuestra Señora del Carmen am 16. Juli zu Ehren der Schutzheiligen der Fischer.

Bus: Von und nach Puerto del Rosario (und zu den weiter entfernten Strandabschnitten) geht es halbstündlich bis stündlich mit der Linie 6. Nach La Oliva, Lajares und Cotillo gelangt man mit den Linien 7 und 8 fast stündlich.
Minibus: Verkehrt jede halbe Stunde (während der Siesta allerdings seltener) zwischen vielen Ferienanlagen und dem Ortszentrum.
Schiff: Autofähren nach Playa Blanca (Lanzarote) etwa stündlich, Überfahrt ca. 40 Min., Tickets im Fährbüro am Hafen. Personenfähre nach Lobos einmal tgl.

Costa Calma

Lage: D 9

Die ›ruhige Küste‹ wird ihrem Namen voll gerecht. Ein eher gesetztes, traditionell deutschsprachiges Publikum, viele Familien darunter, bevölkert Aparthotels und Bungalowanlagen. Die Bebauung ist großzügig, es gibt viel Platz – auch am breiten Sandstrand, wo niemand dem Nachbarn zu sehr auf die Pelle rücken muss. Nachmittags kann der Wind recht kräftig über den Istmo wehen. Besondere Attraktion ist der breite Grüngürtel aus Palmen und Kasuarinen, der seinen üppigen Wuchs geklärtem Brauchwasser verdankt und den Ferienort in einen strandnahen und einen jenseits der Überlandstraße gelegenen Abschnitt teilt. Einen alten Ortskern wird man vermissen, dafür bieten mehrere moderne Einkaufszentren im Stil spanischer Plazas mit Geschäften, Kneipen und Restaurants Ersatz.

43

Costa Calma

Orte von A bis Z

Costa Calma liegt am Anfang der goldgelben, sandigen **Playas de Sotavento de Jandía,** die sich kilometerweit Richtung Süden ziehen. Auch für Kinder geeignet. Vermietung von Strandliegen und Sonnenschirmen.

Tauchen: Poseidon´s Dive Inn: Hotel Costa Calma Beach, Av. de las Palmeras s/n, Tel./Fax 928 87 53 83, www.poseidonsdiveinn.com. Mitglied im Verband deutscher Tauchlehrer. Das **Sport-Center** im ›Monica Beach Hotel‹ steht gegen Gebühr auch Nicht-Hotelgästen offen. Im Angebot sind: Squash, Tennis, Massage, Fitness. Info vor Ort im Sport-Center 9–13 u. 17–20 Uhr, Tel. 928 54 72 14.

 Buchhandlung, Waschsalon & Service-Center:
Centro Comercial Costa Calma (das Zentrum mit den blauen Dächern), Tel./Fax 928 87 50 77, Mo–Fr 9.30–13, 16–20, Sa 9.30–14 Uhr.
Neben einer großen Auswahl deutschsprachiger Bücher und Zeitschriften gibt es eine Menge Service und Infos.

Die jenseits der Durchgangsstraße gelegenen Bungalowanlagen ähneln sich meist in ihrem flachen, zweigeschossigen Baustil und den recht großzügigen Gartenanlagen, so dass sich die Beschreibung einzelner Häuser erübrigt. Hier wohnt man generell ruhig. Will man hingegen keine weiten Anmarschwege zum Strand in Kauf nehmen, empfehlen sich folgende Anlagen:
Bahía Calma/Las Palomas:
Urbanización Bahía Calma, Tel. 928 54 71 58, Fax 928 54 70 31, moderat.

Ruhig in einem hübschen Garten mit temperiertem Pool gelegen. Der Strand ist nur etwa 100 m entfernt. In jedem der rund 30 Reihenbungalows sind zwei Wohnungen untergebracht. Wird bei Veranstaltern pauschal angeboten, Privatbucher haben nur außerhalb der Hochsaison eine Chance!
Riu Fuerteventura Playa:
Urbanización Cañada del Río, Tel. 928 54 73 44, Fax 928 54 70 97, moderat bis teuer.
Großes, durch seine dreistöckige Bauweise jedoch nicht klotzig wirkendes All Inclusive-Hotel direkt an der nördlichsten Badebucht der Playas de Sotavento. In der ungezwungenen Atmosphäre fühlen sich vor allem Gäste mit Kindern wohl. Es gibt geräumige Familienzimmer für bis zu vier Personen. Schön auch die Pool-Landschaft mit duftendem Oleander und Palmen.

Apartamentos Maryvent:
Playa de Costa Calma,
Tel./Fax 928 54 70 92, teuer.
Direkt am Strand, eigenwillige, aber ansprechende Architektur. Mit Marmorbad und Mikrowelle sind die Komfort-Apartments besonders elegant eingerichtet.
Solyventura:
Calle Formentera, Tel.
928 54 71 05,
Fax 928 54 71 66, teuer.
Am Strand gelegene Bungalow- und Apartmentanlage für ruhesuchende Urlauber. Selbstverpflegung oder Halbpension, wobei biologisch kontrollierte Lebensmittel von der hauseigenen Finca auf den Tisch kommen.
Taro Beach: Calle LTU,
Urbanización Cañada del Río,
Tel./Fax 928 54 70 76, teuer.
Die großzügig ausgestatteten Zimmer bieten allesamt Meerblick. Animateure sorgen dafür, dass

Orte von A bis Z **Costa Calma**

Goldgelber Sand, kilometerweit: die Playas de Sotavento

Costa Calma

Orte von A bis Z

man sich wirklich nie langweilt. Großes Sportangebot!

H 10 Playa Esmeralda: Playa Esmeralda, Tel. 928 87 53 53, Fax 928 87 53 50, www.h10.es, teuer.

In unmittelbarer Strandnähe am Rand der Feriensiedlung gelegen. Tolle Architektur mit maurischen Anklängen. Beim Frühstück blickt man von der Terrasse über den Strand. Die großzügige Poollandschaft wird durch ein Hallenbad ergänzt. Tauchbasis im Haus.

Risco del Gato: Polígono D 2, Urbanización Cañada del Río, Tel. 928 54 71 75, Fax 928 54 70 30, Luxus.

Etwas abseits der übrigen Bebauung oberhalb des Strandes gelegen, zeichnet sich das Bungalow-Hotel durch seine architektonische Extravaganz aus. Halbkugelförmige Dächer schützen die Privatterrassen vor fremden Blicken und dem Westwind. Die Hotelführung ist stolz auf ihre umweltschonenden Maßnahmen (Solar-Energie, Wärmepumpen, Kompostierung u. a.).

La Abeja: in der Bungalowanlage Abeja (beim Centro Comercial El Palmeral), Tel. 639 93 10 78, tgl. von 18.30–21.30 Uhr, Di geschl., moderat.

Das Restaurant liegt versteckt zwischen Bungalows. Gemütlich sitzt man um den kleinen Pool der Anlage. Meist sind die wenigen Tische rasch besetzt, so dass man frühzeitig kommen oder reservieren sollte. Profikoch Dietmar schreibt die Speisekarte täglich neu; auf Vorbestellung ist hier fast alles möglich. Spezialität: Lamm in allen Variationen.

Don Quijote: Av. de Hapag Lloyd, Tel. 928 87 51 58, tgl. 12–24 Uhr, moderat.

Dekoriert mit Ritterrüstungen, Schilden und Schwertern. Das rustikale Ambiente erfreut sich ebenso großer Beliebtheit wie die Grillgerichte.

Im Centro Comercial Sotavento, dem lebendigsten Einkaufszentrum des Ortes, gibt es zwei Geschäfte mit ansprechender Sportkleidung: **Fuerte Action** und **Pama**. Im Centro Comercial El Palmeral stehen noch einige Ladenlokale leer, doch die anderen haben es in sich. Sozusagen die Edel-Shopping-Meile von Costa Calma mit viel junger Mode.

Treffpunkt der Szene ist die Surferkneipe **Fuerte Action** im Centro Comercial El Palmeral. An Wochenenden belebt sich **Pepe´s Musik Pup (PMP)** im Centro Comercial Cañada del Río (an der Plaza de Hapag-Lloyd). Das Tanzvergnügen spielt sich im Innenhof des ehemaligen Einkaufszentrums unter freiem Himmel ab. Rundum gruppieren sich einige Bars und ein Internet-Café.

Bus: Linie 5 fährt halbstündlich bis stündlich nach Morro Jable. Nach Puerto del Rosario (über Antigua) dreimal tgl. mit Linie 1, zum Flughafen vier- bis sechsmal tgl. (außer So) mit Express-Linie 10.

Cotillo

Lage: F 2

Dem Fischerdorf mit der ursprünglichen Atmosphäre sieht man seine einstige Bedeutung als einer der drei offiziellen Ausfuhrhäfen Fuerteventuras wirklich nicht mehr an. Einige vorgelagerte Felsen, die noch

Orte von A bis Z — **Cotillo**

heute die Einfahrt in das enge Hafenbecken erschweren, machten Puerto de Tostón, wie Cotillo früher hieß, für Piraten praktisch unangreifbar. Dennoch errichtete man vorsorglich einen Festungsturm, nachdem englische Kaperfahrer im Jahr 1740 Landungsversuche auf der Insel gemacht hatten. Cotillo ist heute ein bunter Ort. Unter die Fischer mischen sich vermögende Majoreros, die hier einen Zweitwohnsitz haben, ebenso wie ausländische Individualtouristen und Surfer. Risikofreudige Brandungssurfer lieben die Playa de Castillo mit bis zu 6 m hohen Wellen. Gourmets reisen wegen der köstlichen Fischgerichte an, die in den Restaurants des Ortes serviert werden.

Nördlich vom Hafen, in einer geschützten Bucht, befindet sich der alte Ortskern. Hier zogen die Fischer früher ihre Boote an Land. In den verwinkelten Treppengassen spürt man eine Menge Flair.

Die **Playa del Castillo** ist ein 1 km langer Naturstrand mit goldgelbem Sand am Südrand des Ortes; Baden nur bei ruhiger See. Nördlich, Richtung Leuchtturm, sind die **Caletillas,** kleine, durch bizarre Lavazungen voneinander getrennte Sandbuchten, die bessere Alternative zum Baden. Nicht zu weit hinausschwimmen!

Eine Piste führt nach Norden zum 4 km entfernten **Faro de Tostón** (F 1). Der automatisierte Leuchtturm weist den Schiffen den Weg um die zergliederte Nordwestküste.

La Gaviota: Am Puerto, Tel./Fax 928 53 85 67 oder in Deutschland 0221/86 42 42, günstig bis moderat.

Früher einer der drei Ausfuhrhäfen Fuerteventuras: Cotillo

Cotillo

Orte von A bis Z

Vergnügen können sich auf Fuerteventura Alte ...

Der Rheinländer Ralf Filutowicz vermietet Apartments für Individualisten. Das Haus ist nicht zu verfehlen, denn draußen flattert die Piratenflagge!
Juan Benítez: Calle El Caletón 10, Tel./Fax 928 53 85 03, günstig bis moderat.
Schöne Apartments mit Balkon und Mietsafe am südlichen Ortsrand. Herr Benítez spricht deutsch, so dass die Buchung von zu Hause aus nicht schwerfällt.

Playa: am alten Fischerhafen, tgl. geöffnet, günstig.
Die Tische stehen direkt am Bootsanleger. Kanarische Küche mit frischem Fisch.
Casa Chano: Calle Fuerteventura 1, Tel. 928 53 86 26, Mo geschl., moderat.
Man wählt an der Theke nach Augenschein und wartet dann auf der Terrasse auf das Essen. Gilt trotz (oder wegen?) des schlichten Ambientes als Prominententreff. Spezialität: *ropa vieja* (Kichererbseneintopf) und Fischgerichte.
Puerto Nuevo: Calle Océano 32, Tel. 928 53 86 79, Mi geschl., teuer.
Fangfrischer Fisch in bewusst auf ›typische‹ Atmosphäre verzichtendem Ambiente. Ein Blickfang ist die Metallkunst des kanarischen Künstlers Sarabia. Im zugehörigen Café gegenüber gibt's Frühstück und Tapas.

Bus: Von und nach Puerto del Rosario besteht eine Verbindung dreimal tgl. mit Linie 7, von/nach Corralejo siebenmal tgl. außer So mit Linie 8 (jeweils über La Oliva).

Esquinzo

Lage: C 10

Auf einer Anhöhe oberhalb der gleichnamigen Playa erstrecken

Orte von A bis Z **Esquinzo**

sich mehrere ausgedehnte Hotel- und Clubanlagen. Dazu gibt es ein paar kleinere Apartmenthäuser und private Ferienbungalows, alles fest in deutscher Hand.

 Die 3 km lange, hellsandige Playa Esquinzo besitzt eine gute Infrastruktur. Für Kinder geeignet.

 Fahrradverleih: Apartamentos Monte del Mar.

Esquinzo:
Playa Esquinzo, Tel./Fax 928 54 40 85, moderat.
Das Aparthotel erfreut durch ein gutes Preis-Leistungs-Verhältnis sowie durch eine familiäre und zugleich unaufdringliche Atmosphäre. Alle Studios und Apartments bieten Balkon oder Terrasse.

LTI-Esquinzo Beach:
Urbanización Esquinzo Butihondo, Tel. 928 54 41 00,
Fax 928 54 41 07, teuer.
Riesige Gartenanlage mit herrlichem Blick über den Atlantik. Eine Oase für Erholungssuchende ist der Pool auf der Dachterrasse. In der Ladenpassage findet man Boutiquen und einen Friseur. Wellness Center mit Fitnessgeräten, Sauna, Massagen. Ausgesprochen freundlicher Service. Kinder sind besonders willkommen!

Monte del Mar:
Playa Esquinzo,
Tel./Fax 928 54 11 88, teuer.
Besonders schön sind die Maisonettewohnungen, die sich über zwei Ebenen erstrecken. Viele Wohneinheiten haben Meerblick! Hauseigener Tennisplatz.

Monte Marina:
Valle de Esquinzo 13 bajo,
Tel./Fax 928 54 10 52, teuer.
Die im postmodernen Baustil errichteten Apartmenthäuser fügen

... wie Junge

sich harmonisch in die gepflegte Gartenanlage ein. Ein solarbeheiztes Meerwasserbecken mit Whirlpool lässt den Gang zum 350 m entfernten Sandstrand fast überflüssig erscheinen. Individuell eingerichtete Wohnungen.

Robinson Club Esquinzo Playa:
Calle Barranco de Esquinzo,
Tel. 928 55 00 33,
Fax 928 54 41 21, teuer.
Knapp tausend Gäste werden auf einem riesigen Gelände betreut, das man eigentlich nur verlässt, um an einer Robinsonade teilzunehmen (Jeep-Safari, Bootsausflug). Auf Familien zugeschnitten, es gibt Zimmer für bis zu fünf Personen. Mit 13 Tennisplätzen, 60 Surfboards und sieben Katamaranen ist für Sport total gesorgt. Abends große Show im Clubtheater.

Marabú: Calle Bonn, Tel. 928 54 40 98, nur abends geöffnet, So geschl., moderat.

Giniginámar

Orte von A bis Z

Jetzt unter der Leitung des ehemaligen El Marinero-Chefs. Ein großes Plus ist die Gartenterrasse.
El Marinero:
Calle Montaña de la Muda 2, Tel. 928 54 20 75, tgl. geöffnet (nur abends), teuer.
Kreativer Mix aus deutscher, spanischer und internationaler Küche. Gute Weinkarte und frischeste Zutaten. Besonders empfehlenswert!

Bus: Pendelbus Linie 5 halbstündlich bis stündlich nach Morro Jable bzw. Costa Calma. Nach Puerto del Rosario Linie 1 (tgl. vier- bis achtmal).

Giniginámar

Lage: E 8

Ca. 10 km von Tarajalejo entfernt, ist der winzige und verträumte Fischerort recht einsam abseits der Hauptstraße gelegen. Daneben haben Österreicher eine kleine Feriensiedlung errichtet.

Nur am Wochenende belebt sich der dunkle, kiesige Strand ein wenig mit einheimischen Ausflüglern.

Don Carlos:
Av. Las Palmas 2, Tel. 928 87 01 22, Mi geschl., teuer.
In unerhört futuristisch gestyltem Haus. Interessante Mischung aus österreichischer und internationaler Küche mit spanischem Einschlag. Auch vegetarische Gerichte.

Bus: Linie 13 fährt zweimal tgl. außer So nach La Lajita bzw. Pájara (über Gran Tarajal).

Gran Tarajal

Lage: F 8
Einwohner: ca. 3500

Tamarisken (span. *taray*) verdankt die zweitgrößte Stadt Fuerteventuras, die in einer weiten Bucht an der Südostküste liegt, ihren Namen. Charakteristischer ist jedoch der große Palmenhain im angrenzenden Talgrund. Die Kanarische Palme, eine Verwandte der Dattelpalme, deren Früchte sich aber nur als Viehfutter eignen, wurde früher zwischen den Feldern gepflanzt und quasi nebenbei mitbewässert.

Als in den vergangenen Jahrzehnten der Ackerbau allmählich aufgegeben wurde, fehlte den

Orte von A bis Z **Gran Tarajal**

Eine weitere Strandvariante: Playa de la Calera auf der Isla de los Lobos

majestätischen Bäumen das Wasser. Fördermaßnahmen aus Brüssel, die jüngst zu einer Wiederbelebung der Landwirtschaft führten, ist es zu verdanken, dass die Palmen sich allmählich wieder erholen.

Gran Tarajal ist Dienstleistungszentrum des Inselsüdens. Es gibt zahlreiche Geschäfte und eine wichtige Ringkampfarena; in den frühen Abendstunden trifft man sich in den Cafés auf der Küstenpromenade, um zu sehen und gesehen zu werden. Touristen sind hier ebenso selten anzutreffen wie im angrenzenden Hafen, der zahlreiche kleine Sportfischerboote beherbergt.

Iglesia Nuestra Señora de la Candelaria: Die Pfarrkirche wurde erst um 1900 errichtet, als Matías López – nach Cuba emigriert und dort reich geworden – aus der damals noch winzigen Fischersiedlung für einige Jahrzehnte einen wichtigen Exporthafen für Futtermittel und Tomaten machte.

Plaza: Es lohnt sich, gegenüber der Kirche im Schatten hoher Bäume auf der Plaza etwas Zeit zu verbringen. Besondere Attraktion des kleinen Parks ist ein Springbrunnen mit steinernen Seepferdchen. Der fast schon verschwenderische Umgang mit dem auf der Insel so knappen Wasser erinnert an die besseren

51

Isla de los Lobos

Orte von A bis Z

Tage von Gran Tarajal, bevor sich in den 1980er Jahren Puerto del Rosario zum alleinigen Ausfuhrhafen entwickelte.

Stadtpark: Im neuen Stadtpark an der Ortseinfahrt kann man durch einen besonders schönen Teil des schattigen Palmenhains von Gran Tarajal schlendern; dort gibt es auch einen Kinderspielplatz.

Der lange Strand erfreut sich bei Einheimischen großer Beliebtheit.

Tamonante: Calle Juan Carlos I. 17, (Hauptstraße, die vom Seepferdchenbrunnen Richtung Hafen führt), Tel. 928 16 24 72, Infos nebenan in der Ferretería Vigán. Nettes, gepflegtes Hostal. Wer ganz individuell wohnen möchte, ist hier goldrichtig.

Carnicería 7 Islas: am Ortseingang nach der Guardia Civil rechts hoch, Tel. 928 16 23 05, So geschl., günstig.
Irma und Robert haben Gran Tarajal um eine deutsche Metzgerei mit Imbissecke bereichert. Freitags gibt es Münchner Weißwurst!
Miramar: Av. Paco Hierro (am Beginn der Strandpromenade), günstig.
Komfortabler Kiosk und beliebtester Treffpunkt der Stadt. Frühstück, Tapas, Snacks.

Teberite: Calle Matias López 22.
Kunst- und Modeboutique mit esoterischem Touch. Batiken, ausgefallener Schmuck, Räucherstäbchen, Tattoo- und Piercingstudio.

Vom 2.–10. Feb. wird die **Fiesta Nuestra Señora de la Candelaria** gefeiert, das Lichtmessfest zu Ehren der Ortspatronin. **Fiesta San Diego de Alcalá** am 13. Nov. zu Ehren des Franziskanerheiligen Didacus, dem wetterbeeinflussende Fähigkeiten zugeschrieben werden.

Bus: Mit Linie 1 nach Puerto del Rosario (über Antigua) bzw. Morro Jable vier- bis achtmal tgl., mit Linie 10 zum Flughafen (Express) dreimal tgl., Mo–Sa zweimal tgl. nach Pájara mit Linie 13.

Isla de los Lobos

Lage: H 1
Extra-Tour 5: s. S. 92f.

Die kleine Nachbarinsel Fuerteventuras ist von Corralejo aus mit der Personenfähre zu erreichen. Sie misst nur rund 6 km² und steht mittlerweile unter Naturschutz. Eine einzigartige Landschaft aus Dünen, Salzwiesen und winzigen Vulkankegeln ist kennzeichnend für Lobos, das übrigens autofrei und nur zu Fuß zu erkunden ist. Die wenigen Familien, die bis 1982 in dem einzigen Ort, der kleinen Fischersiedlung El Puertito, lebten, nutzen ihre Häuser heute nur noch an den Wochenenden.

Playa de la Calera: Geschwungene, durch Lavafelsen gut geschützte Sandbucht.

El Puertito: Casas El Puertito. Man hat die Wahl zwischen *pescado* (Tagesfisch) und Paella (bis 12 Uhr vorbestellen!). Moderat.

Schiff: Personenfähre ab Corralejo (s. S. 43).

Orte von A bis Z — **Jandía Playa**

Jandía Playa

Lage: C 10

In den 1960er Jahren entstanden hier die ersten Ferienhotels der Insel. Heute ist Jandía Playa das mit Abstand größte Touristenzentrum Fuerteventuras; deutschsprachige Urlauber überwiegen, und ein breit gefächertes Sportangebot sowie das für Fuerteventura vergleichsweise ausgeprägte Nachtleben zeichnen Jandía Playa aus. Auch wer auf das Shopping-Vergnügen im Urlaub nicht verzichten möchte, kann sich austoben. Zu Fuß über eine schöne Küstenpromenade zu erreichen liegt der Fischerort Morro Jable (s. S. 64ff.).

 Hauptattraktion von Jandía Playa ist die breite, goldsandige **Playa del Matorral** (Extra-Tour 1, s. S. 84). Sie ist recht bevölkert und mit Top-Infrastruktur ausgestattet. Dank rechtzeitiger Restriktionen blieb eine breite Zone hinter dem Strand von Bebauung verschont.

Fahrradverleih
Die Autovermietung **Sun Car Jandía**, Av. del Saladar (nahe dem Einkaufszentrum Faro) vermietet Mountainbikes und Sitzfahrräder.

Reiten
Rancho Stella, im Feriendorf Stella Canaris, Tel. 928 87 33 99 o. 696 81 38 11. Info auf deutsch: Tel. 616 40 33 98. Im Winter 8.30–13 u. 15.30–18.30 Uhr, im Sommer 8.30–13 u. 16.30–19.30 Uhr.

Segeln und Surfen
Club Robinson Jandia Playa. Katamaran-Segeln, Yacht-Segeln und Surfen auch für Nichtgäste. Infos an der Wassersportbasis am Strand vor dem Robinson Club tgl. 9–17 Uhr.

Tauchen
Dive-Center Felix:
Av. Solana de Matorral,
Tel. 928 54 14 18,
Fax 928 54 14 17.
Kostenloses Schnuppertauchen. Treffpunkt tgl. 9.30 u. 14.30 Uhr. Die Druckkammer ist nur 500 m entfernt.

Jandía Playa

Orte von A bis Z

Club Aquamarin: Vinamar, Tel. 928 54 03 24, Fax 928 54 03 59 (Jürgen Krause/Adriano Bähtz). Five Star PADI-IDC-Center im Hotel Aquamarin.
Tennis
Jandía-Tennis-Center: Neben dem Feriendorf Stella Canaris (s. u.), Tel. 928 54 14 00.
Hier kann man Plätze mieten: gute Gelegenheit, das Racket zu schwingen, wenn das eigene Hotel oder Apartmenthaus keinen Tennisplatz besitzt.

Oficina de Turismo: SMO Shopping Center, Tel./Fax 928 54 07 76, Mo–Fr 9–15.30 Uhr.

Nur wenige Hotels und Apartmenthäuser liegen direkt am Strand. Erst hinter der Durchgangsstraße erstreckt sich eine lange Häuserzeile mit Unterkünften, Geschäften und Kneipen. Allzu weit ist der Fußweg zur Playa von dort allerdings nicht. Hier eine kleine Auswahl:
Alameda: Solana Matorral 6, Tel. 928 54 12 67,
Fax 928 54 15 29, moderat.
Hinter dem SMO Shopping Center etwas abseits der Durchgangsstraße. Gigantische Anlage mit knapp 300 Apartments. Blick aufs Meer, zumindest aus den oberen Stockwerken.
Stella Canaris: Urbanización Stella Canaris, Tel. 928 54 14 00, Fax 928 54 10 75, moderat bis teuer.
Der größte Trumpf dieses weitläufigen Feriendorfes ist die rund 300 000 m^2 große tropische Parkanlage. Im Schatten exotischer Bäume werden dort Vögel aus aller Welt in Volieren und Freigehegen gehalten. Man wohnt je nach Geldbeutel in der Maisonette-Wohnung, im ›Chalet‹ oder in einer ›Villa‹. Für Erwachsene gibt es ein abwechslungsreiches Unterhaltungsprogramm, für Kinder ein ›Kreativ-Zentrum‹ mit Minizoo und Ponyranch.
Club Aldiana: Jandía Playa s/n, Tel. 928 54 11 47,
Fax 928 54 10 93, teuer.
Auf einer Anhöhe direkt am Meer, etwas außerhalb des Ferienortes. In eine riesige Gartenlandschaft eingebettet stehen die weißen, kubischen Bungalows. Das Sportangebot umfasst Tennis, Golf, Tauchen, Surfen, Katamaransegeln, Mountainbiking und vieles mehr.
El Jardín:
Urbanización Stella Canaris, Tel./Fax 928 54 04 95, teuer.
Kleine, sehr ruhige Bungalowanlage für Individualisten, die einen gewissen Komfort lieben.

Orte von A bis Z **Jandía Playa**

Direkt am Strand gelegen: der Robinson Club, Jandía Playa

Jede Wohneinheit verfügt über eine geräumige, wind- und sichtgeschützte Terrasse.
Riu Maxorata: Carretera General s/n, Tel./Fax 928 54 00 00, teuer. Das Aparthotel bildet eine Einheit mit dem benachbarten Hotel ›Riu Ventura‹. Alle Anlagen können wechselseitig genutzt werden. Klassisches Ferienhotel etwa 400 m vom Strand.
Robinson Club Jandía Playa: Calle Jandía Playa s/n, Tel. 928 54 13 48, Fax 928 54 10 25, teuer. Der ›klassische‹ Robinson Club auf Fuerteventura, wo sich vor allem Singles und Paare wohlfühlen. Animation, Sport und Unterhaltung quasi rund um die Uhr. Der Club liegt in bevorzugter Lage direkt am Strand. Zehn Tennisplätze, Tauchbasis, Surfen und Katamaransegeln.
Riu Palace Jandía: Calle Las Arenas, Tel. 928 54 03 70, Fax 928 54 06 20, teuer bis Luxus. Gilt unter Kennern als das Top-Hotel der Insel. Auf einer Anhöhe direkt über dem Strand mit Traumblick aufs Meer. Raffinierte Architektur, elegantes Interieur. In den rund 50 m^2 großen Zimmern (und den fast doppelt so großen Suiten) ist natürlich alles vom Feinsten.
Riu Calypso: Carretera General s/n, Tel. 928 54 00 26, Fax 928 54 03 70, Luxus. Liegt terrassenförmig an einem Hang unmittelbar über der Playa del Matorral. Die hellen, geräumigen Zimmer verfügen über jeden Komfort einschließlich großer Terrassen mit Sonnenliegen.

Lajares

Orte von A bis Z

 Hong Kong:
Im SMO Shopping Center, Tel. 928 54 08 27, günstig.
Typisches China-Restaurant mit Preisen, die auch der kleine Geldbeutel verkraftet. Frisches Gemüse, frische Früchte. Spezialität: Entengerichte.
Taberna del Pescador:
Av. del Saladar (nahe C.C. Faro), Tel. 928 87 64 11, teuer.
Erlesene Fischspezialitäten, die natürlich ihren Preis haben. Für die Kleinen gibt es verschiedene Kinderteller zur Auswahl.
Coronado: neben dem Hotel Riu Palace Jandía, Tel. 928 54 11 74, Di geschl., Luxus.
Bestechende Mischung aus einheimischen Zutaten und internationalen Rezepten, dazu ein Hauch von italienischer Kochkunst.

Einkaufstipp Nr.1 in Jandía Playa ist das moderne **SMO Shopping Center.** Läden und Kneipen gruppieren sich um mehrere Innenhöfe. In den Schmuckgeschäften, Boutiquen und Parfümerien liegt die Betonung auf edel. Im Café Madrid kann man eine Pause einlegen, für die Kleinen gibt es dort Trampolinspringen (10 Min. ca. 3 €).
Im **Einkaufszentrum Faro** reihen sich entlang der Avenida del Saladar Souvenirläden; Fotogeschäfte und Läden mit Unterhaltungselektronik werben mit günstigen Preisen. Doch Vorsicht: Nicht alles ist so billig, wie es auf den ersten Blick scheint, und nicht alle Geräte entsprechen deutschen Normen!
Ein bunter **Wochenmarkt** wird jeden Donnerstag von 8–14 Uhr links neben dem SMO Shopping Center veranstaltet.

Die Post geht hier zu später Stunde in der Discothek **Stella** (im Feriendorf Stella Canaris) ab. Bis zum Morgengrauen wird auch im **Disco Pub Tequila** (im C.C. Faro) getanzt. Mit einem Drink kann man sich auf die ruhigere Terrasse zurückziehen. Die Szene trifft sich im **Surf-Inn** (SMO shopping Center).

 Bus: Einzelne Busverbindungen s. Morro Jable, S. 66.

Lajares

Lage: G 2

Lajares ist das Zentrum für Stickereiarbeiten, die auf Fuerteventura in Heimarbeit angefertigt werden. Dass diese traditionelle Kunst noch heute gepflegt wird, ist Natividad Hernández López zu verdanken, die in den 1940er Jahren die Produkte auf Gran Canaria verkaufte und dann später eine Stickereischule gründete. Der Anbau von Getreide und Hülsenfrüchten auf den steinigen Äckern rings um den Ort herum wurde schon vor 1970 weitgehend aufgegeben. Allmählich verfallen auch die Steinmauern, die früher dazu dienten, die Feldfrüchte vor dem unstillbaren Hunger halbwild gehaltener Ziegen zu schützen.

Windmühlen: Neben der Ermita de San Antonio de Padua aus dem 20. Jh. erheben sich am Südrand des Ortes zwei restaurierte Windmühlen, die charakteristisch für die beiden auf Fuerteventura verbreiteten Mühlentypen sind (Extra-Tour 4, s. S. 91).

Kamelritt bei Zoo Safari, am östlichen Ortsrand (ausgeschildert), Tel. 928 86 80 06. Halbstündige Ausritte durch die

Orte von A bis Z **La Lajita**

Landschaft am Vulkan Calderón Hondo (ca. 6 €, Kinder ca. 3 €). Tgl. 9–16 Uhr.

Artesanía Lajares: An der Durchgangsstraße im Ortszentrum, Mo–Fr 9–19, Sa 9–13 Uhr.
Größte Auswahl an Stickereiarbeiten auf Fuerteventura. Auch andere kunsthandwerkliche Produkte. Wenn Reisegruppen vorbeischauen, demonstriert eine Stickerin ihr Können.
Surfer machen gern auf dem Weg von Corralejo nach Cotillo Station in Lajares und decken sich mit Surf-Zubehör ein: bei **Impact Zone Ocean Wear Atlantic Island** oder **North Shore** (beide an der Hauptstraße am Ortsausgang Richtung Corralejo) oder bei **Magma** (Neil Pryde) mit Internet-Café an der Straße nach La Oliva.

Bus: Tgl. zehnmal nach Cotillo (Linien 7, 8), dreimal nach Puerto del Rosario (Linie 7), siebenmal nach Corralejo (Linie 8).

La Lajita

Lage: E 8

Inselweit ist La Lajita für seine Ringkämpfer berühmt. Es gibt eine wichtige Ringkampfarena, und in Abendkursen des Kulturzentrums kann man sich innerhalb eines Jahres die komplizierten Regeln und Griffe der Lucha Canaria aneignen. La Lajita ist ein junger Ort. Wer hier wohnt, pendelt meist zur Arbeit in die Ferienstädte der Halbinsel Jandía. Im alten Ortskern kann man nachmittags noch ein paar Fischer beobachten, die mit ihrem Fang heimkehren, und in den frühen Abendstunden füllt sich die moderne Plaza neben der Kirche mit Leben.

Viel Spaß beim Dromedarausritt

La Lajita Oasis Park (s. Extra-Tour 2, S. 86 f.): an der Landstraße Richtung Morro Jable. Kernstück ist ein schattiges Gartenzentrum mit Zucht und Verkauf von Zierpflanzen (gratis zugänglich). Außerdem gibt es einen kleinen Zoo (tgl. 8.30–20 Uhr, Eintritt 6 €, Kinder 3 €) und einen riesigen Kaktusgarten (tgl. 9.30– 18 Uhr, 6 €, Kinder 3 €). Regelmäßig findet eine 20-minütige Papageienshow statt (3,60 €, Kinder 1,80 €). Restaurant und Cafeteria laden zur Erholung ein, der Kunsthandwerksladen zum Shopping-Vergnügen.

Die **Playa de La Lajita** am Ort ist kiesig bis felsig. Besser zum Baden eignet sich die ruhige Bucht weiter südlich, an der Mündung des Barranco de Tarajal.

La Lajita

Orte von A bis Z

Der Turm beherrscht das Bild: Iglesia Nuestra Señora de la Candelaria

Kamelritt: im La Lajita Oasis Park, tgl. zwischen 10 u. 18 Uhr; halbstündiger Ausritt für Erwachsene 7,25 €; Kinder 4,20 €.

Ramón: Playa de La Lajita. Urige Atmosphäre, Terrasse mit Blick aufs Meer, günstig.

Bus: Vier- bis achtmal tgl. mit Linie 1 nach Morro Jable bzw. Puerto del Rosario (über Antigua), außerdem zweimal tgl. (außer So) nach Cardón (Linie 11) und zweimal nach Pájara (Linie 13).

La Oliva

Lage: G 2/3
Einwohner: ca. 8000 (gesamter Gemeindebereich)

Olivenplantagen, die sich früher in alle Richtungen ausdehnten, sollen dem Ort seinen Namen gegeben haben. Heute werden nur noch ein paar Tomatenfelder bewirtschaftet. Ansonsten lebt die Stadt von den Steuereinnahmen, die das von hier aus verwaltete Ferienzentrum Corralejo beschert. So konnte man sich ein funkelnagelneues Rathaus leisten, und jede Straße, die nur halbwegs breit genug war, wurde zu einer Palmenallee umgestaltet: Attribute jüngst erworbenen Wohlstands. 1708–1859, während der Militärherrschaft auf Fuerteventura, war La Oliva Sitz des Oberbefehlshabers der Milizen; aus dieser Zeit sind noch ein paar historisch sehr interessante Bauten erhalten. Manches verfiel, nachdem 1859 alle Machtbefugnisse an zivile und militärische Verwaltungsstellen in Puerto de Cabras (dem heutigen Puerto del Rosario) übergingen. Nach Restaurierungsarbeiten erstrahlen die Baudenkmäler heute wieder im alten Glanz. Mehr und mehr entwickelt sich La Oliva auch zu einer Pilgerstätte für Liebhaber moderner Kunst.

Orte von A bis Z **La Oliva**

Skurril und witzig: in der Casa Mané in La Oliva

Iglesia Nuestra Señora de la Candelaria: Pl. de la Candelaria, nur zur Messe geöffnet. Erbaut im 18. Jh.; neben der Pfarrkirche in Betancuria die einzige dreischiffige Kirche der Insel entsprechend der damaligen Bedeutung des Ortes. Ein trutziger, seitlich angebrachter Glockenturm beherrscht die Barockfassade.

Casa de los Coroneles: Zu erreichen über die schmale Straße, die an der Kirche abzweigt. Das wichtigste profane Gebäude der Insel: Hier residierten seit der zweite Hälfte des 18. Jh. die Obersten *(Coroneles)* von La Oliva. Das Gutshaus besitzt prächtig verzierte Holzbalkone und zinnengekrönte Türme. Gern wird erzählt, die Casa de los Coroneles habe 365 Fenster, also für jeden Tag des Jahres eines – zum Ausruhen. Damit bezieht man sich auf die als etwas arbeitsscheu diskreditierten Beamten der Franco-Zeit: In dem Haus waren damals militärische Dienststellen untergebracht. In Wirklichkeit beschränkt sich die Zahl der Fenster auf rund hundert. Das Innere der Casa ist nicht zu besichtigen; geplant ist jedoch ein historisches Museum.

Casa del Capellán: Zwischen der Kirche und der Casa de los Coroneles steht das ca. 200 Jahre alte ehemalige Pfarrhaus etwas zurückgesetzt rechts der Straße. Die Steinmetzarbeiten an Tür- und Fensterrahmen zeigen Pflanzenornamente, die an bolivianische Indianerkunst erinnern. Auf Fuerteventura gibt es vergleichbare Arbeiten nur an der Pfarrkirche von Pájara (Extra-Tour 3, s. S. 88).

Casa Mané: Nahe der Casa de los Coroneles, Mo–Sa 10–18, im Winter bis 17 Uhr, Eintritt 3 €.
In einem historischen Herrenhaus hat der Kunstliebhaber Manuel Delgado Camino, den seine Schützlinge liebevoll ›Mané‹ nennen, das **Centro de Arte Canario** eingerichtet. Neben wechselnden Verkaufsausstellungen sind im

59

La Oliva/La Pared *Orte von A bis Z*

Zum Reiten ideal: die nördliche Ostküste

Haus sowie in einer lichtdurchfluteten, in den Boden eingesenkten Halle Gemälde und Skulpturen von modernen Künstlern der Kanaren zu sehen. Im weitläufigen Garten stehen allerlei skurrile Plastiken.
Museo del Grano La Cilla: im Ortszentrum (ausgeschildert), Di–Fr u. So 9.30–17.30, Eintritt ca. 1,20 €.
In dem Kornspeicher von 1819 ist heute das Getreidemuseum von Fuerteventura untergebracht. Der Besucher erfährt Wissenswertes über verschiedene Getreidesorten und ihren traditionellen Anbau.

Malpey: Calle La Orilla 67 (Ortsausgang Richtung Cotillo), Tel. 928 86 80 60, tgl. geöffnet, günstig.
Erstes Haus am Platz. Schlichte, kanarische Küche.

La Ermita: Am südlichen Ortsrand steht der Neubau, einer inseltypischen Dorfkirche nachempfunden und von Tonskulpturen umgeben, die an antike Götter erinnern. Eine kreative Keramikwerkstatt hat hier ihren Sitz.

Bus: Die Linie 7 fährt dreimal tgl. nach Puerto del Rosario und nach Cotillo, die Linie 8 verkehrt tgl. siebenmal nach Cotillo und Corralejo.

La Pared
Lage: D 8

Eine großzügige Allee führt in die vergleichsweise kleine Bungalowsiedlung, die einschließlich des einzigen Clubhotels fest in deutscher Hand ist. Die touristische Entwicklung geht nur langsam voran. Daher wird La Pared wohl noch lange exklusiv bleiben: Mit Golf-Akademie, Reitstall und ge-

Orte von A bis Z **La Pared**

hobener Gastronomie wird einiges geboten. Fernab vom Trubel der großen Urlaubszentren ist hier Geruhsamkeit garantiert.

Playa del Viejo Rey: Wunderschön gelegener Naturstrand in etwa 500 m Entfernung von der Feriensiedlung (Extra-Tour 1, s. S. 85). Bei winterlichen Westwindlagen wird er oft fast völlig von der Brandung überspült. Weht hingegen der Passat aus Nordost, ist das Baden hier relativ gefahrlos.
Playas de la Pared: Zwei winzige, felsige Strände, von der Feriensiedlung durch einen breiten Barranco getrennt. Vom Baden ist hier wegen der Strömung abzuraten.

Golf-Akademie Fuerteventura: Tel. 928 16 10 52, Fax 928 16 10 62. Inmitten wüstenhafter Umgebung kann man einen 6-Loch-Golfplatz, eine 9-Loch-Zielgolfanlage und eine Putting Range bespielen. Ein Clubhaus sorgt für das leibliche Wohl (Tageskarte ca. 27 €).
Reitstall ›Rancho Barranco de los Caballos‹: An der Straße nach Pájara bei den wenigen Häusern von Las Hermosas, Auskunft: Tel. 608 24 36 48 (Anke) und 928 54 90 04 oder im Reiterhof tgl. 8.30–10, 19–20 Uhr. Spezialität ist Spanisches Reiten (dem Westernreiten sehr ähnlich); abwechslungsreiche Ausritte.
Surf Center La Pared: Tel. 619 80 44 47.
Wellenreiten auf dem Funboard an der brandungsumtosten Westküste. Unterricht und Verleih. Zu buchen auch über Surf + Fashion Shop, Costa Calma, Centro Comercial El Palmeral (Zubringerbus).

Club Costa Real: Playa La Pared, Tel. 928 54 90 04, Fax 928 16 11 04, teuer.
Gilt als Geheimtipp für Leute, die fernab vom Massentourismus urlauben und dennoch auf eine dezente Animation und ein umfangreiches Sportprogramm nicht verzichten wollen. Im Stil eines spanischen Gutshofs gruppieren sich 93 komfortable Studios und Zimmer um die zentrale Pool-Landschaft. Der familiär wirkende Speiseraum ist mit exotischen Pflanzen dekoriert. Angeschlossen ist eine Beauty-Farm mit Saunabereich (Tel. 928 54 90 43).

Bahía La Pared: Playas de la Pared, Tel. 928 54 90 30, tgl. geöffnet, moderat.
Unbedingt zum Sonnenuntergang herkommen! Don Eugenio serviert fangfrischen Fisch. Man bestellt, was der Kellner empfiehlt. Kinder werden den Pool mit Rutsche und den Spielplatz mögen.

61

Las Parcelas/Los Molinos *Orte von A bis Z*

El Camello: am Ortseingang rechts, Tel. 928 54 90 90, Mo geschl., teuer.
Andalusisch dekorierter Garten. Blumentöpfe hängen an den Wänden, Korbmöbel laden zum Verweilen ein. Abwechslungsreiche, kanarisch angehauchte Küche, z.B. Zicklein im Tontopf. Tisch vorbestellen!

Bus: Morgens nach Morro Jable und am Nachmittag zurück mit Linie 4 (außer So).

Las Parcelas/ Los Molinos

Lage: F 4

Bei dem Weiler Las Parcelas ließ General Franco in den 1940er Jahren die nach dem damaligen Generalkommandanten der Kanarischen Inseln benannte Colonia Garcia-Escámez errichten, um Bauernfamilien anzusiedeln und die Landwirtschaft in dieser Gegend zu fördern. Das Projekt scheiterte. Heute gilt es unter Wohlhabenden als schick, in Las Parcelas zu wohnen. Nicht weit von hier liegt der winzige Fischerhafen **Los Molinos.** Er belebt sich nur in den Sommermonaten.

Altkanarische Siedlung: Auf dem Plateau oberhalb der Steilküste von Los Molinos haben Archäologen eine große Siedlung der Ureinwohner entdeckt. Zu den Ruinen gelangt man auf einem breiten Weg, der bei der einzigen Bar von Los Molinos beginnt.

Eine gut befahrbare Piste führt von Las Parcelas zum etwa 2 km entfernten **Embalse de los Molinos** (F 4). Sie zweigt in der einzigen Straßenkurve des Ortes Richtung Süden ab. Der Stausee war ein wesentlicher Teil des landwirtschaftlichen Erschließungsprojektes der Franco-Zeit, erwies sich jedoch als unbrauchbar, da die winterlichen Niederschläge meist rasch versickern. Heute zieht es vor allem Vogelbeobachter hierher.

La Terraza: Tel. 608 35 40 81, nur bis 19 Uhr, Di geschl., moderat.
Schöne Terrasse über dem Meer. Spezialitäten sind Meeresfrüchte und frischer Fisch.

Las Playitas

Lage: F 8

In ›den Strändchen‹ verbringt die Hautevolee von Teneriffa und Gran Canaria ihren Sommer: Der viel-

Frische Ziegenmilch gefällig?

Orte von A bis Z   **Llanos de la Concepción**

leicht malerischste Ort Fuerteventuras erinnert mit seinen schneeweißen, kubischen Häusern an die Dörfer von Andalusien. Fischer landen am Nachmittag noch regelmäßig ihren Fang an und beliefern die örtlichen Restaurants. Außerhalb der Ferienzeit ist nur wenig los.

Playa de Las Playitas: Dunkler, recht kiesiger Naturstrand außerhalb des Ortes, der gegen stärkere Brandung gut geschützt ist. Über eine Piste zu erreichen, die vor Las Playitas rechts abzweigt. Im Sommer recht belebt, ansonsten sehr einsam.

Eine schmale Straße führt von Las Playitas zum 6,5 km entfernten Leuchtturm *(faro)* an der **Punta de la Entallada** und endet dort. Der automatisierte Leuchtturm ist nicht zu besichtigen, doch lohnt der Abstecher wegen der hervorragenden Aussicht über die bizarre, menschenleere Küstenlandschaft.

Casa Víctor: Calle Juan Soler 22, Tel. 928 87 09 70, tgl. geöffnet, günstig.
Bei Einheimischen sehr beliebtes Ausflugslokal; fangfrischer Fisch.

Llanos de la Concepción

Lage: F 4

An die Zeit, als man in Llanos de la Concepción vom Weinbau lebte, erinnern nur noch ein paar verwilderte Rebstöcke. Der Ort wirkt wie ausgestorben – die jungen Leute sind längst in die Touristenzentren abgewandert, und viele der kleinen, aus Natursteinen sorgfältig aufgeschichteten Bauernhäuser mit den traditionellen Lehmdächern stehen leer. Die verfallende ländliche Architektur verleiht dem Dorf einen musealen Charme; immerhin wurde eine Windmühle restauriert.

Die Straße zur Playa de Santa Inés, ist mit ›Aguas Verdes‹ ausgeschildert. Sie führt durch einen dicht mit Tamarisken überwucherten Barranco. Man passiert ein altes Badehaus, wo man in besseren Tagen im Heilwasser entspannen konnte: In dieser Gegend sprudeln salzhaltige Quellen. Heute ist dies nur noch den Gästen der Bungalowanlage ›Aguas Verdes‹ vergönnt, die oberhalb der Playa de Santa Inés in einsamer Lage mit Blick aufs Meer errichtet wurde.

Playa de Santa Inés: Über eine Piste von ›Aguas Verdes‹ aus zu erreichen. Kleiner, grobkiesiger Strand. 1983 wurde hier der Frachter ›Jugar‹ bei einem Sturm an Land geworfen und behindert seither sehr das Badevergnügen , das Einheimische ohnehin nur bei äußerst ruhiger See und auflaufendem Wasser auskosten.

Aguas Verdes: Playa de Santa Inés, Tel. 928 87 83 50 und 608 10 83 20,
Fax 928 87 83 60, moderat.
Mit seiner einsamen Lage hoch über dem Strand ist der überschaubare Ferienclub Garant für einen ruhigen Urlaub. Geräumige Apartments mit Meerblick. Pools, Tennisplatz, Squash-Court, Kegelbahn. Mietwagenvermittlung im Haus.

Lobos

Lage: H 1
Extra-Tour 5: s. S. 92f.
s. S. 52, Isla de los Lobos

63

Morro Jable

Orte von A bis Z

Morro Jable

Lage: B 10
Extra-Tour 1: s. S. 84f.
Einwohner: ca. 3000

An der einladenden Uferpromenade, wo sich einst der – inzwischen zugeschüttete – Fischerhafen befand, warten Restaurants und Boutiquen auf Kundschaft aus dem in Fußgängerentfernung gelegenen Ferienzentrum Jandía Playa. Innerhalb von drei Jahrzehnten ist das ehemals unbedeutende Dorf zu einer Schlaf- und Wohnstadt für die Hotelangestellten von Jandía Playa geworden. Dennoch wird der Lebensrhythmus in Morro Jable nicht völlig von den Touristen bestimmt. In den Kneipen jenseits der Küstenzeile und in den vielen kleinen Läden, die Dinge für den täglichen Bedarf verkaufen, sind die Einheimischen noch unter sich. Und in den frühen Nachmittagsstunden steht während der ausgedehnten Siesta nach wie vor jegliches öffentliche Leben still.

Hafen: Viel zu groß für die wenigen dort liegenden Schiffe wirkt der westlich an den Ort grenzende Hafen (ausgeschildert mit ›Puerto‹). Er wurde in den 80er Jahren des 20. Jh. gebaut, um die Fischereiwirtschaft auf der Halbinsel Jandía zu beleben, doch bis heute gibt es nur wenige, meist offene Fangboote. Der Fisch wird in den Nachmittagsstunden angelandet und sofort in der modernen Kühlhalle ausgenommen. Direktverkauf findet nicht statt, vielmehr ist die Fischereigenossenschaft an Händler gebunden, die die Ware an Hotels und Restaurants verteilen. Wenn die Fährschiffe nach Gran Canaria ein- oder auslaufen, bricht im Hafen eine ungewohnte Hektik aus. Ansonsten geht es ruhig zu, und auch Yachten laufen Morro Jable selten an.

Segeln: Segeltörns mit der ›Pedra Sartaña‹, einem komplett überholten Windjammer aus den 1940er Jahren. Unterwegs wird geankert, dann ist Gelegenheit zum ausgiebigen Baden. Buchung nur über die Reiseleitung im Hotel. Infos: Tel. 670 74 51 91.
Hochseeangeln: Mehrere Anbieter im Hafen. Die ›Blue Fin‹ legt z. B. täglich um 9 Uhr ab, um auf die Jagd nach Haien, Schwertfischen und Barrakudas zu gehen.

Maxorata: Calle Maxorata 31, Tel. 928 54 10 87, günstig.
Modernes Haus mit Dachterrasse. Die Zimmer haben allerdings keinen Balkon.
Omahy: Calle Maxorata 6, Tel. 928 54 12 54, günstig.
Einfache Pension für Leute mit wenig Geld, die am Leben der Einheimischen teilhaben möchten.
Soto: Calle Las Gambuesas, Tel. 928 54 14 19, Fax 928 54 15 89, günstig.
Moderne, schlichte Apartments mit Balkon. Eigene Mietwagenfirma.

Cofradía de Pescadores: Muelle Pesquero (an der Hafeneinfahrt), tgl. geöffnet, günstig.
Die ehemals einfache Kneipe der Fischereigenossenschaft hat sich zu einem empfehlenswerten Restaurant gemausert. Schnörkellose Einrichtung: gefliester Innenraum, blanke Holztische, laufender Fernseher. Die Bar ist stets mit Fischern und Hafenarbeitern belebt. Zum Essen bietet sich die große überdachte Terrasse an. Selbstver-

Orte von A bis Z **Morro Jable**

ständlich ist der Fisch absolut frisch.
El Pinoco: in der Markthalle, nur mittags, So geschl., günstig.
Vor, während oder nach dem Einkauf kann man sich hier bei leckeren Tapas stärken. Vorwiegend einheimisches Publikum.
Vesubio: Av. del Mar, tgl. geöffnet., günstig.
Wer zur Abwechslung original italienisch speisen möchte, liegt hier goldrichtig. Besonders schön sitzt man auf der Terrasse im Obergeschoss. Hervorragende Pizzen!
Casa Charly: Plazoleta Cirilo López, Tel. 928 87 60 66, Sa geschl., moderat.
Ein Familienbetrieb, der viele Stammgäste bewirtet. Auf der rustikalen Terrasse gibt es frischen Fisch, auf kanarische Art zubereitet. Besonderer Tipp: Filetsteak-Varianten .
La Laja: Av. del Mar, Tel. 928 87 60 54, Do geschl., moderat.
Klassische kanarische Fischküche mit allem, was dazugehört. Empfehlenswert auch die Paella. Hier verkehren nicht nur Touristen!
San Borondón II: Plaza Cirilo López, Tel. 928 54 14 28, Mi geschl., moderat.
In einem Dampfschiff aus dem 19. Jh. ist dieses urige Lokal untergebracht. Rustikale Gerichte von der Iberischen Halbinsel.

Rosy: Calle Senador Velázquez Cabrera 23. Boutique mit toller Bademode.

65

Nuevo Horizonte

Orte von A bis Z

Früher war's ein Fischerhafen: die Promenade in Morro Jable

Marisma: Calle Senador Velázquez Cabrera 21. Gut sortiertes Sportgeschäft.
Mineral Shop: Calle Senador Velázquez Cabrera 15. Schmuckgeschäft für Junge und Junggebliebene. Schöne Sachen aus Silber.
Boutique Playa: Av. del Mar 3. Bunte Strandmode. Meeresblick beim Einkauf.
Mercado Municipal: Calle Masconas, Mo–Fr 8.30-16, Sa 9–14 Uhr. Brandneue städtische Markthalle. Handwerklich hergestellter Gofio, Marmeladen, Fuerteventura-Käse. Außerdem kanarisches Obst und Gemüse.

Am 24. Juni wird die **Fiesta de San Juan** gefeiert, das Johannisfest. **Fiesta Nuestra Señora del Carmen** am 16. Juni (s. S. 15).

Bus: Linie 1 fährt vier- bis achtmal tgl. nach Puerto del Rosario (über Antigua). Zum Flughafen geht es per Expressbus (Linie 10) dreimal tgl., Linie 5 nach Costa Calma verkehrt halbstündlich bis stündlich.
Schiff: Autofähre nach Las Palmas (Gran Canaria) ein- bis zweimal tgl., nach Santa Cruz de Tenerife Do, Fr und So. Nur Personen befördert das **Tragflügelboot** (Jetfoil) nach Las Palmas und weiter nach Santa Cruz de Tenerife zwei- bis siebenmal pro Woche.

Nuevo Horizonte

Lage: H 5

Eine lange Palmenallee stellt die Verbindung zwischen der Retortensiedlung Nuevo Horizonte, die auch als ›Costa de Antigua‹ bekannt ist, und der Außenwelt her. Nach wie vor klaffen große Baulücken zwischen den Hotels und Apartmentanlagen, und es fehlt an Leben in Nuevo Horizonte, das wohl auch wegen der un-

Orte von A bis Z **Pájara**

mittelbaren Nachbarschaft des wesentlich beliebteren Ferienortes Caleta de Fuste nicht recht in Schwung kommt.

Den fehlenden Strand ersetzt ›Lagos de Antigua‹, eine Badelandschaft mit Pools und Liegeflächen. Nur in der Hauptsaison geöffnet, tgl. 10–20 Uhr, Eintritt ca. 5 €, Kinder bis 12 Jahre ca. 3 €.

Pájara

Lage: E 6
Extra-Tour 3: s. S. 88
Einwohner: ca. 1000

Als Verwaltungszentrum des Inselsüdens verfügt Pájara über nicht unerhebliche Steuereinnahmen aus den Ferienzentren Jandía Playa und Costa Calma, und dieser Wohlstand spiegelt sich auch im Stadtbild wider. Das Ortszentrum ist klein, aber fein, mit gepflegten Grünanlagen und sorgfältig restaurierten Baudenkmälern. In der Umgebung der Pfarrkirche, die allein schon einen Ausflug nach Pájara wert ist, erheben sich Stadtpaläste und Gutshäuser mit den typischen kanarischen Holzbalkonen aus dem 18. Jh.: Da errang der Ort dank des florierenden Ackerbaus eine gewisse Selbstständigkeit gegenüber der damaligen Inselhauptstadt Betancuria. Berühmt waren einst die Pfefferschoten von Pájara, die überall an Schnüren aufgereiht zum Trocknen aushingen; doch nach denen sucht man heute vergeblich.

Iglesia Nuestra Señora de Regla: Pl. Nuestra Señora de Regla, tgl. 11–13 und 17–19 Uhr.

Eine der sehenswertesten Kirchen Fuerteventuras mit zwei Schiffen, die im Abstand von rund 20 Jahren zu Beginn des 18. Jh. errichtet wurden: Die rasche Bevölkerungszunahme erforderte mehr Platz für die Gläubigen. Das Kirchenportal ist mit an aztekische Kunst erinnernden Ornamenten versehen.

Noria: Gegenüber der Kirche steht vor dem modernen Rathaus ein restaurierter Schöpfradbrunnen *(noria)*. Solche Konstruktionen wurden bis vor wenigen Jahrzehnten noch in allen Teilen der Insel benutzt, um die Felder zu bewässern. Ein Esel oder Dromedar ging mit verbundenen Augen im Kreis und bewegte das horizontal gelagerte, hölzerne Rad, dessen Drehung auf das vertikale Schöpfrad übertragen wurde. Heute sind die *norias* allesamt dem Verfall preisgegeben.

Eine kanarische Besonderheit: Holzbalkone in Pájara

Parque Holandés

Orte von A bis Z

Hohe Sanddünen beherrschen die Szenerie: Risco del Paso

Wer einmal nicht an den Strand möchte: Pájara verfügt tatsächlich über ein **Süßwasserschwimmbad** – ein schier unerhörter Luxus auf dieser so wasserarmen Insel! (Pl. Nuestra Señora de Regla, Juni–Sept. geöffnet.)

Los Deportes: Crta. de Gran Tarajal, moderat. Inseltypische Küche, z.B. Kaninchen oder Zicklein. Hier treffen sich die Einheimischen.
La Fonda: Calle Nuestra Señora de Regla 13, Tel. 928 16 16 25, Di geschl., teuer.
Ein restauriertes Stadthaus bietet den stilvollen Rahmen für das nahe der Kirche gelegene Restaurant, Spezialität: Kaninchen.

Ranchos de Pascua am 24. Dez. (s. S. 15).

Bus: Nur Linie 13. Man kann Mo–Sa am selben Tag nach Pájara hin- und auch wieder zurückzufahren. Von La Lajita über Tarajalejo und dann nach Gran Tarajal.

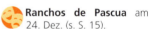Parque Holandés

Lage: H 3

Der Urlaubsort wurde von einem niederländischen Architekten entworfen und realisiert. Sein namengebender ›holländischer Park‹ ist bis heute auch die einzige nen-

Orte von A bis Z **Playa Barca**

Reitstall: Fuerte Adventure, unmittelbar beim Parque Holandés.

Parque Holandés: Urbanización de La Oliva, Tel. 928 86 80 51, Fax 928 86 80 79, teuer. Geschmackvolle Bungalows und Maisonette-Apartmenthäuser in einer weitläufigen Gartenanlage. Viele Wohneinheiten befinden sich in Privatbesitz und werden von ihren Eigentümern vermietet. Tennisplätze, Pool und ein Wellness-Zentrum gehören dazu. Einen Mietwagen sollte man für die gesamte Aufenthaltsdauer einplanen.

Bus: Alle 30 bis 60 Minuten fährt der Bus Linie 6 nach Puerto del Rosario und Corralejo.

Playa Barca/ Risco del Paso

Lage: C/D 9
Extra-Tour 1: s. S. 68

nenswerte Ferienanlage der am grünen Tisch geplanten Urbanisation geblieben. Hier wohnen nicht nur Touristen: auch wohlhabende Bürger aus Puerto del Rosario haben sich in die großzügig konzipierte Bungalowsiedlung eingekauft. Das Herz des Parque Holandés bildet die so genannte Plaza, ein kleines Kneipen- und Einkaufszentrum, das sich mit Leben füllt, wenn hin und wieder abends Konzerte stattfinden.

Playa del Jablito: Winziger, etwa 1 km vom Parque Holandés entfernter Strand, wo ein paar Fischerkaten stehen. Die herrlichen, feinsandigen Strände von Corralejo sind rund 9 km entfernt (Busverbindung).

Die einsame Playa Barca kann man über eine schmale Straße, die südlich von Costa Calma Richtung ›Los Gorriones‹ abzweigt, erreichen. Im Rhythmus der Gezeiten wechselt hier eine riesige, rund 4 km lange und über 600 m breite Wattfläche mit einer flachen Lagune ab, die bei Flut lediglich durch eine schmale Nehrung vom offenen Meer getrennt ist. Vielleicht noch abgelegener und nur von einer Piste erschlossen (ausgeschildert) ist der südlich an die Lagune grenzende Strandabschnitt von Risco del Paso; dort beherrschen zwei hohe Sanddünen die Szenerie. Die Küste ist Teil des Naturparks Jandía und darf nicht weiter bebaut werden.

69

Pozo Negro

Orte von A bis Z

Surfen: Pro Center René Egli, Hotel Sol Elite Gorriones, Tel. 928 54 74 83, Fax 928 54 73 88, www.rene-egli.com. Infos auch in den Surf-Shops Fuerte Action (C.C. Sotavento und C.C. El Palmeral in Costa Calma).
Größte Surfstation der Welt. Alljährlich im Juli/August wird hier der World Cup im Speedsurfen ausgetragen. Profis bevorzugen den offenen Atlantik, Anfänger üben in der geschützten Lagune. Windrichtung: offshore bis sideshore mit Düseneffekt. Miete für eine komplette Ausrüstung ca. 125 bis 175 € pro Woche, Anfängerkurs (10 Std.) ca. 150 €.
Fahrradverleih: Mountainbike ›Procenter‹ im Hotel Sol Los Gorriones.

Sol Los Gorriones: Playa Barca, Tel. 928 54 70 25, Fax 928 54 70 00, moderat.
Alleinlage direkt am Strand. Hierher zieht es vor allem Surfer. Die Zimmer sind praktisch eingerichtet, abwechslungsreiches Unterhaltungsangebot. Ein Plus ist der subtropische Garten.

Bus: Pendelbus der Linie 5 halbstündlich bis stündlich von Costa Calma/Morro Jable.

Pozo Negro

Lage: G 6

Der breite Barranco, an dessen Mündung der kleine Fischerort liegt, wurde vor etwa 10 000–15 000 Jahren bei einem der letzten Vulkanausbrüche von einem gewaltigen Lavastrom durchflossen, der bei Pozo Negro das Meer erreichte. Der dunklen, unwirtlichen Umgebung zum Trotz strahlt das Dorf eine heitere Atmosphäre aus. Wenn die bunt bemalten Fischerboote mit ihrem Fang heimkehren, kommen die Frauen und Kinder aus den weiß gekälkten Häusern, um beim Anlanden zu helfen. Ein kleiner Natursteinbrunnen an der Ortseinfahrt versinnbildlicht den Namen Pozo Negro (›schwarzer Brunnen‹).

 Es gibt einen schmalen, kiesigen Strand am Ort.

 Großer Beliebtheit bei Einheimischen und Touristen

Orte von A bis Z   **Puerto de la Cruz**

gleichermaßen erfreuen sich die beiden schlichten Fischrestaurants am Strand. Sowohl das **Los Caracoles** als auch das **Los Pescadores** (Tel. 928 26 54 01) servieren auf der Terrasse die Fänge der örtlichen Fischer. Den Meeresblick gibt es gratis dazu. Spezialität ist luftgetrockneter Fisch. Beide günstig.

Am letzten Aprilwochenende **Landwirtschaftsmesse** auf der Granja Experimental (an der Einmündung der Straße von Pozo Negro in die GC 640, s. S. 14).

Puerto de la Cruz

Lage: A 10
Extra-Tour 1: s. S. 85

Die einfachen Fischerkaten beleben sich heute nur noch an den Wochenenden und in der Ferienzeit. In provozierendem Kontrast zu dem noch recht ursprünglichen Ortsbild steht der moderne Windgenerator, der so etwas wie das Wahrzeichen von Puerto de la Cruz geworden ist.

 Faro de Jandía: Nicht weit vom Ort erhebt sich der

Kleiner Ort an breiter Barranco-Mündung: Pozo Negro

Puerto de Lajas
Orte von A bis Z

Leuchtturm an der westlichen Landspitze der Halbinsel Jandía. Obwohl er nicht zu besichtigen ist, lohnt die Fahrt dorthin, denn bei klarer Sicht kann man mit etwas Glück bis Gran Canaria schauen.

Der kleine und grobkiesige Strand am Ort eignet sich wegen starker Unterströmungen nicht zum Baden. Gleiches gilt für die sehr attraktive, goldsandige **Playa de Ojos** jenseits der Landspitze, die vom Küstenplateau aus nur kletternd zu erreichen ist und deshalb weitgehend den einheimischen Anglern vorbehalten bleibt.

Tenderete: Calle Faro de Jandía, Tel. 928 54 87 88 und 908 10 87 88, tgl. geöffnet, moderat.
Weithin berühmt für seinen Fischeintopf *(caldo de pescado con gofio)*.
El Caletón: am Strand, Tel. 928 17 41 46, tgl. geöffnet, moderat.
Mit Abstand der idyllischste Fleck in Puerto de la Cruz!

Puerto de Lajas

Lage: H 3
Extra-Tour 4: s. S. 91

Der kleine Fischerort liegt auf einer landschaftlich eintönigen, kargen Küstenebene nicht weit von Puerto del Rosario. Einzige Sehenswürdigkeit ist die besonders gut erhaltene **Windmühle** vom Typ ›Molina‹.

Mit dem gepflegten, wenn auch recht kiesigen Strand ist Puerto de Lajas ein beliebtes Ausflugsziel für die Bewohner der nahegelegenen Hauptstadt.

Casa Gregorio II: Tel. 928 83 01 08, tgl. geöffnet, günstig.
Am Wochenende brechend voll, bei Einheimischen wegen großer Fisch- und Fleischportionen beliebt.

Puerto del Rosario

Lage: H 4
Einwohner: ca. 14 000

Wer auf Fuerteventura sein Geld nicht im Tourismus oder in der Landwirtschaft verdient, arbeitet höchstwahrscheinlich in Puerto del Rosario. In der Inselhauptstadt haben fast alle Behörden und zahlreiche Dienstleistungsunternehmen ihren Sitz. Außerdem verfügt Puerto del Rosario über den wichtigsten Hafen, und auch zum Aeropuerto de Fuerteventura ist es nicht weit. Mit einem Besuch der Stadt liegt goldrichtig, wer ein wenig am Leben der Einheimischen teilhaben möchte. Am Vormittag und in den frühen Abendstunden beleben sich die Geschäftsstraßen; hier kann man Dinge kaufen, die ansonsten auf Fuerteventura nur schwer erhältlich sind. Zentrale Treffpunkte für einen Schwatz oder einen Drink zwischendurch sind der Kiosk auf dem Kirchplatz und die Cafeteria Tinguaro in der Nähe der winzigen Markthalle. Während der Siesta wirkt Puerto del Rosario wie ausgestorben. Dann vertreibt man sich die Zeit am besten mit einem ausgiebigen Mittagessen in einem der vielen kleinen Restaurants, die vorwiegend Geschäftsleute und Büroangestellte zu ihren Kunden zählen.

Iglesia Nuestra Señora del Rosario: Calle León y Castillo/Ecke Calle Secundino Alonso, unregelmäßig geöffnet.

Orte von A bis Z **Puerto del Rosario**

1 Calle Alfonso Patallo
2 Calle Candelaria del Castillo

Die Kirche ist der Schutzpatronin der Stadt, der Rosenkranzmadonna, geweiht. Die Madonnenfigur kam 1806 aus Tetir hierher. Damals wurde Puerto del Rosario unabhängige Pfarrei, doch mit dem Bau der Kirche konnte erst 1824 begonnen werden. Die eigenartige Fassade mit dem Glockenturm im Zentrum kam um 1930 hinzu. Sie ist im Stil des Eklektizismus gehalten, der Anfang des 20. Jh. auf den Kanarischen Inseln fast völlig an die Stelle des Jugendstils trat und sich durch die Kombination von Stilelementen unterschiedlichster Epochen auszeichnet.

Casa Museo Unamuno:
Calle Virgen del Rosario 11, Mo–Fr 9–13, 17–19, Sa 10–13 Uhr, So/Fei geschl.
Das Glanzlicht der Inselhauptstadt. Hier verbrachte der Dichter und Philosoph Miguel de Unamuno 1924 die Zeit seiner Verbannung durch das damalige Militärregime. Vier Monate musste er auf der Insel ausharren und lebte in dem von außen recht unscheinbaren Haus gegenüber der Pfarrkirche; hier war damals das ›Hotel Fuerteventura‹ untergebracht. Die Räume gruppieren sich um einen lichtdurchfluteten Innenhof. Fast alle Einrichtungsgegenstände stammen aus den 1920er Jahren und gehören teilweise zum Originalmobiliar der Unamuno-Zeit. Fotografien zeigen den Dichter inmitten von Freunden, die er in Puerto del Rosario rasch gewonnen hatte. Auf Wandtafeln stehen Zitate aus Miguel de Unamunos Werken, die in Verbindung zu Fuerteventura stehen oder sogar auf der Insel entstanden sind.

Playa Blanca:
600 m langer Sandstrand im Süden der Stadt, hinter dem eine stark befahrene Straße verläuft. Wenig besucht, keine Infrastruktur.

Patronato de Turismo:
Av. de la Constitución 5, Tel. 928 53 08 44, Fax 928 85 18 12. Mo–Fr 9–15, im Sommer nur bis 13 Uhr.

Puerto del Rosario

Orte von A bis Z

Roquemar: Av. Marítima 1, Tel. 928 85 03 59, günstig. Praktisch, weil in Hafennähe gelegen, aber durch Autoverkehr relativ laut.

Tamasite: Calle León y Castillo 9, Tel. 928 85 03 00, moderat. Eingefleischte Stadt-Fans werden die optimale Lage in der Nähe des Hafens und der Hauptgeschäftsstraßen zu schätzen wissen. Frisch renoviert.

Palace Puerto Rosario: Av. Marítima 9, Tel. 928 85 94 64, Fax 928 85 22 60, www. hmppuertodelrosario.com, teuer. Komfortabel eingerichtete Zimmer und Suiten mit Hafenblick. Der Service lässt keine Wünsche offen. Hier steigen vorwiegend Geschäftsleute ab.

Hotel Fuerteventura Playa Blanca: Calle Playa Blanca 45, Tel. 928 85 11 50, Fax 928 85 11 58, teuer. Erstes Haus am Platz; hier steigen vorwiegend Geschäftsleute ab. Am Südrand der Playa Blanca abseits der Stadt gelegen. Das elegante Hotel wurde im Stil der nordafrikanischen Karawansereien errichtet. Als äußerst edel gilt das Restaurant.

Tinguaro V: Calle Fernández Castaneyra 7 (oberhalb der Markthalle), tgl. geöffnet, moderat. Zentraler Treffpunkt, gemischtes Publikum. Große Auswahl an »Bocadillos« (belegte Brötchen).

Bodegón El Refugio: Calle León y Castillo 14, Tel. 630 08 59 95, So. geschl., moderat. Kleiner, gemütlicher Speiseraum. Abwechslungsreiche Speisekarte. Der Wirt Faustino empfiehlt die Artischocken mit Schinken.

Muelle Chico: Muelle Pesquero , tgl. geöffnet, teuer.

Fischtheke mit frischem Angebot. Große Auswahl an Tapas, die sich hier Raciones nennen: Rührei mit Spinat, Champignons, Teller mit Fuerteventura-Käse, Meeresfrüchte etc. Von der Terrasse hat man einen herrlichen Blick auf das Meer.

Markthalle: an der Pl. de España, Mo–Sa 7–14 Uhr.

Artesanía Canaria Tabajoste: Calle Teófilo Mtnez. de Escoba R. 11 (oberhalb der Markthalle). Flechtarbeiten, Keramik.

Nur am Wochenende lohnt der Ausflug in das städtische Nachtleben. Die angesagteste Disco der Stadt heißt **Rock Café**, Calle Teniente Durán 16. Gesetztere Menschen bevorzugen den Music-Pub **Mafasca,** Calle La Cruz 21. Ab und zu gibt es hier Live-Veranstaltungen. Auf Anschläge in der Stadt achten!

Buntester **Karneval** der Insel (s. S. 14), großer Umzug am Abend vor Rosenmontag. **Fiesta Nuestra Señora del Rosario** rund um den 7. Okt.

Bus: Zahlreiche Verbindungen in fast alle Teile der Insel. **Schiff:** Nach Las Palmas (Gran Canaria) fahren fünfmal pro Woche Autofähren (Naviera Armas, Trasmediterránea), nach Arrecife (Lanzarote) dreimal pro Woche (Trasmediterránea). Tickets am Hafenschalter. **Flugzeug:** Mit Binter Canarias acht- bis zehnmal tgl. nach Gran Canaria und zwei- bis viermal tgl. nach Teneriffa-Nord.

Puerto de la Peña

Lage: D/E 5
s. S. 28f., Ajuy

Orte von A bis Z **Tarajalejo**

Risco del Paso

Lage: C 9
Extra-Tour 1: s. S. 84
s. S. 69f., Playa Barca

Tarajalejo

Lage: E 8
Einwohner: ca. 150

Hier lässt sich noch die echte Atmosphäre eines Fischerdorfes schnuppern. Den Fang, der wie eh und je mit kleinen, offenen Booten eingefahren wird, bekommt man noch am selben Tag in den einfachen Restaurants hinter dem Strand aufgetischt. Auch Tarajalejo möchte sich einen Anteil am Tourismuskuchen sichern: Am Ortsrand entstand ein großes Club-Hotel. Um Dorf und Strand nicht unnötig durch Lärm zu beeinträchtigen, hat man die Durchgangsstraße landeinwärts verlegt. Stattdessen verläuft heute eine von wenn auch noch recht niedrigen Palmen gesäumte Promenade den Strand entlang.

 Playa de Tarajalejo: Die Playa de Tarajalejo ist ein rund 800 m langer, recht kiesiger Strand. Im Südabschnitt können auch Kinder baden, denn die Brandung wird durch Felsen abgeschirmt.

Tofio: Crta. Playa de Las Palmeras s/n,
Tel. 928 16 10 01,
Fax 928 16 10 28, moderat.
Club-Hotel mit umfangreichem Sport- und Animationsangebot. Ein üppiger Garten umrahmt die Gebäude, in denen sich Zimmer, Studios und Apartments befinden. Kostenloser Shuttle-Service zu den Playas de Sotavento (s. S. 44).

Einst von Eseln betrieben: Schöpfradbrunnen in Tuineje

Tefía *Orte von A bis Z*

Wie aus dem Nichts erheben sich die sonnenbeschienenen Berge

Campingplatz El Brasero: an der Straße nach Puerto del Rosario, Tel. 928 16 10 01, Stellplatz ca. 7,50 € pro Tag zuzüglich pro Person ca. 3 € pro Tag. Weitläufige Anlage, Wasser- und Stromanschluss, sanitäre Einrichtungen, Waschsalon.

La Barraca: Calle Isidro Díaz (Straße parallel zum Strand), tgl. geöffnet, moderat. Strohgedeckte Terrasse am Strand. Einfaches kanarisches Restaurant. Neben frischem Fisch auch empfehlenswerte Fleischgerichte.

Bus: Linie 1 vier- bis achtmal tgl. nach Puerto del Rosario und Morro Jable, zweimal tgl. (außer So) mit Linie 13 nach Pájara.

Tefía

Lage: F 4
Extra-Tour 4: s. S. 91

In dem einstmals blühenden landwirtschaftlichen Zentrum stehen heute viele verlassene Häuser. Die jungen Leute sind längst abgewandert, der Ort drohte zu veröden. Doch neuerdings ist eine Wiederbelebung in Sicht, denn die EU stellte Mittel zur Verfügung, um einen Teil von Tefía in ein Museumsdorf umzuwandeln.

Ecomuseo La Alcogida: Di–Fr u. So 9.30–17.30 Uhr, Eintritt ca. 4,50 €.
Am Südrand von Tefía wurden einige längst aufgegebene Bauernhöfe

Orte von A bis Z **Tindaya**

restauriert. Einige wurden originalgetreu eingerichtet, in anderen kann man beobachten, wie Vieh auf traditionelle Weise gehalten wird oder Stickerinnen, Webern, Steinmetzen und anderen Handwerkern bei der Arbeit zuschauen. Für eine Audioführung in deutscher Sprache werden an der Kasse Kopfhörer und Kassettengerät verliehen. Es gibt einen Museumsshop mit geschmackvollem einheimischen Kunsthandwerk sowie eine kleine Cafeteria.

Los Mariscos: Carretera General, tgl. geöffnet, günstig.
Der riesige Muschelhaufen neben dem Haus knüpft an altkanarische Traditionen an – die Ureinwohner hinterließen zahlreiche solcher »Concheros« an den ihnen heiligen Plätzen. Hier gibt es selbstverständlich Meeresfrüchte!

Bus: Von und nach Puerto del Rosario zweimal tgl. (außer So) mit Linie 2.

Tindaya

Lage: F 3

Während in anderen Orten Fuerteventuras die Landwirtschaft schon lange aufgegeben wurde, lebt man in Tindaya vom Tomatenanbau. Unter großflächigen Gazeabdeckungen gedeihen die empfindlichen Früchte geschützt vor Sonne und Wind. Wenn man hier trotzdem nur wenige Pflanzungen sieht,

Tindaya
Orte von A bis Z

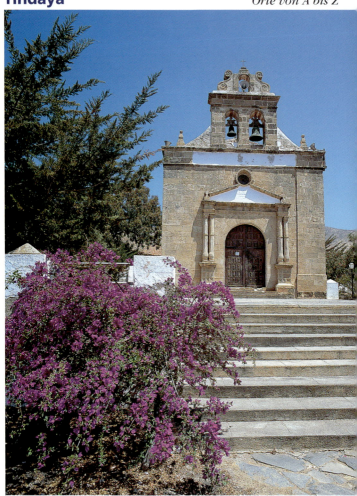

Bedeutende Wallfahrtskirche: Ermita de Virgen de la Peña in Vega Río Palmas

so deshalb, weil aufgrund des stark salzhaltigen Grundwassers der Boden bei regelmäßiger Bewässerung rasch unbrauchbar wird. Schon nach zwei Jahren braucht der Boden zehn Jahre Brache.

Monumento de Unamuno: 1 km südlich des Ortes, am Fuß eines Vulkankegels, erhebt sich ein Denkmal zu Ehren des Dichters und Philosophen Miguel de Unamuno (s. S. 73), über eine Schotterpiste zu erreichen. Die schlichte, ockerfarbene Figur ist ein Werk des kanarischen Bildhauers Borges.

 Wer gut zu Fuß ist, kann mit geeignetem Schuhwerk die

Orte von A bis Z

Tuineje

Besteigung der **Montaña Tindaya** (397 m) wagen (hin und zurück 90 Min.). Den Ureinwohnern Fuerteventuras galt der Berg als heilig. Sie brachten auf seinem Gipfel Tieropfer dar. Mehr als hundert vorgeschichtliche Felsritzungen in Form stark stilisierter Fußabdrücke wurden dort entdeckt. Hobby-Archäologen finden sie auf den von einer dunklen Verwitterungskruste überzogenen, schrägen Felsplatten. Der Aufstieg erfolgt über die Westflanke des Berges. Achtung: Da es Fälle von Vandalismus an der archäologischen Stätte gegeben hat, ist der Zugang zur Zeit nur mit einer Sondergenehmigung gestattet, die man bei Medio Ambiente in Puerto del Rosario, Calle Juan Tadeo Cabrera 10, Tel. 928 85 21 06, Fax 928 85 19 17 einholen muss.

Bus: Linie 7 von Puerto del Rosario passiert auf der Fahrt nach Corralejo dreimal tgl.

Tiscamanita

Lage: F 6
Extra-Tour 4: s. S. 90f.

Der *Enarenado*, eine für die Kanarischen Inseln charakteristische Methode des Trockenfeldbaus, hat in Tiscamanita Tradition. Die Felder werden mit vulkanischem Auswurfmaterial bedeckt, das in seinen Poren den nächtlichen Tau speichert und am Tage nach und nach an die Pflanzen abgibt. Auf den meisten Äckern wird allerdings heute künstlich bewässert. Windräder fördern zu diesem Zweck Grundwasser aus großen Tiefen. Tiscamanita zählt zu den ansprechendsten, unverfälschtesten Bauerndörfern der Insel. Ende der 1990er Jahre entstand am Südrand des Ortes eine Fabrik, die Produkte aus Aloë Vera herstellt und vertreibt. Die Aloë wird rings um den Betrieb mit Hilfe der Enarenado-Methode auf großen Feldern angebaut.

Ermita de San Marcos: Meist geschlossen.
Am Südrand von Tiscamanita erhebt sich die mit roten Ziegeln gedeckte Kirche. Der Hof ist von einer weißen, zinnengekrönten Mauer umgeben. Als Erbauungsdatum ist über dem schlichten Portal die Jahreszahl 1699 eingraviert.

Centro de Interpretación Los Molinos: an der nördlichen Ortsausfahrt, Di–Fr u. So 9.30–17.30; Eintritt ca. 1,80 € (s. auch S. 90).
Im Mühlenmuseum erfährt man alles Wesentliche über Handmühlen, wie sie schon die Ureinwohner benutzten, über Tahonas (Tiermühlen) und über Windmühlen, die sich erst im 18. und 19.Jh. auf Fuerteventura durchsetzten. Ein Leitfaden in deutscher Sprache führt durch die Ausstellungsräume. Auch die vierflügelige Windmühle ist zu besichtigen.

Ranchos de Pascua am 24. Dez. (s. S. 15).

Tuineje

Lage: F 6
Extra-Tour 4: s. S. 90
Einwohner: ca. 500

Tuineje ist ein wichtiger Verkehrsknotenpunkt, doch macht kaum ein Tourist hier Station. Denn nur wenig im Ort erinnert an die durchaus respektable Vergangenheit. Noch heute ist man auf ganz Fuerteventura stolz auf den Sieg in der Schlacht bei Tuineje am 12.

Valle de Santa Inés

Orte von A bis Z

Oktober 1740. Damals landete ein britisches Expeditionskorps an der Südostküste, um die Insel zu besetzen. Am Lomo del Cuchillete bei Tuineje stellte sich die einheimische Miliz dem Feind entgegen und konnte dank einer klugen, wenn auch nicht gerade tierliebenden Taktik – man verschanzte sich in dem baumlosen und daher keine nennenswerte Deckung bietenden Gelände hinter einer Phalanx von Dromedaren – trotz zahlenmäßiger Unterlegenheit den Kampf für sich entscheiden.

Iglesia San Miguel Arcángel: Die Pfarrkirche mit dem etwas klotzig wirkenden, aus Natursteinen aufgeschichteten Pfeiler zwischen den beiden Schiffen ist dem Erzengel Michael geweiht, dem der Legende nach der Sieg in der Schlacht am Lomo del Cuchillete zu verdanken ist.

Quesería Maxorata: an der Straße nach Gran Tarajal in einem kleinen Industriegebiet, Mo–Sa 9–16 Uhr.
In der Tienda der Käsefabrik kann man günstig Fuerteventura-Ziegenkäse kaufen (nur ganze Laibe).

Fiesta de San Miguel am 29. Sept.–13. Okt.: Es wird der Sieg über die englischen Freibeuter gefeiert.

Bus: Linie 1 von Puerto del Rosario nach Morro Jable passiert vier- bis achtmal tgl.

Valle de Santa Inés

Lage: F 4/5

Das Dorf am Nordrand des Berglands von Betancuria zählt zu den ältesten Ansiedlungen der Insel und besaß in der Zeit nach der Conquista einige Bedeutung. Wichtige Adelsfamilien hatten hier ihren Sitz, und noch im 17. Jh. wurden zwei der insgesamt vier Ratsherren der Insel von Valle de Santa Inés gestellt.

Ermita de San Bartolomé: am Südrand von Valle de Santa Inés, gegenüber der mit ›Taller de Artesanía‹ beschilderten Abzweigung einbiegen, meist verschlossen.
Inés Peraza, die Gattin des Feudalherren Diego García de Herrera, soll hier im 15. Jh. ein erstes Gotteshaus gestiftet haben. In der Ermita de San Bartolomé wurden die Ratsherren, die jeweils für ein Jahr im Amt blieben, ausgelost. 1968 schuf der bekannte Kunsthandwerker José Melián Martín aus Antigua die schöne, holzgeschnitzte Eingangstür des heutigen Baus, der aus der Barockzeit stammt.

Miramar: Carretera General, günstig.
Bei den Einheimischen äußerst beliebtes Ausflugslokal, das Lammbraten und Zicklein serviert.

Taller de Artesanía Cerámica: Carretera del Cementerio. Keramik auf traditionelle Art, von Josefita Acosta Rodríguez eigenhändig getöpfert.

Fiesta de Santa Inés am 21. Jan. zu Ehren der früheren Ortspatronin Agnes (span. Inés).

Bus: Der Ort ist zweimal tgl. (außer So) mit Linie 2 von Puerto del Rosario zu erreichen.

Orte von A bis Z **Vega Río Palmas**

Vega Río Palmas

Lage: E 5
Extra-Tour 3: s. S. 88f.

Im grünsten, wasserreichsten Tal der Insel stehen die weißen, kubischen Häuser des Ortes unter majestätischen Palmen. Auf Terrassenfeldern gedeihen Kartoffeln, Getreide und Hülsenfrüchte. Man fühlt sich unwillkürlich in eine nordafrikanische Oase versetzt. Neben Betancuria und Valle de Santa Inés zählt Vega Río Palmas zu den ältesten Ortsgründungen Fuerteventuras. Um über das Wasser, das nur in den Wintermonaten durch den Barranco de las Peñitas fließt, auch in den übrigen Jahreszeiten verfügen zu können, wurde 1942 unterhalb des Dorfs ein Stausee angelegt. Doch der verlandete schnell. Die verbliebene, heute fast ganz von Tamarisken zugewucherte Wasserfläche dient zahlreichen Vogelarten als Standquartier.

 Ermita de Virgen de la Peña:
Carretera General,
Di–So 11–13, 17–19 Uhr.
Die bedeutende Wallfahrtskirche aus dem 17./18. Jh. birgt eine kleine Alabasterstatue der Inselheiligen. Während das Portal selbst noch im klaren Stil der Renaissance entstand, erinnern die im unteren Teil zwiebelförmig gestalteten Zwillingssäulen, die es seitlich flankieren, an den so genannten Kolonialbarock Lateinamerikas. Die im Mudéjar-Stil geschnitzte Holzdecke ist insbesondere über dem Altarraum reich verziert. Beachtung verdient auch der vergoldete Hauptaltar von 1769 mit schönen Gemälden, die Szenen aus der Bibel wiedergeben.

 Fiesta de la Virgen de la Peña am dritten So im Sept.

Bus: Linie 2 von Puerto del Rosario fährt zweimal tgl. (außer So).

Geschafft nach des Tages Mühen ...

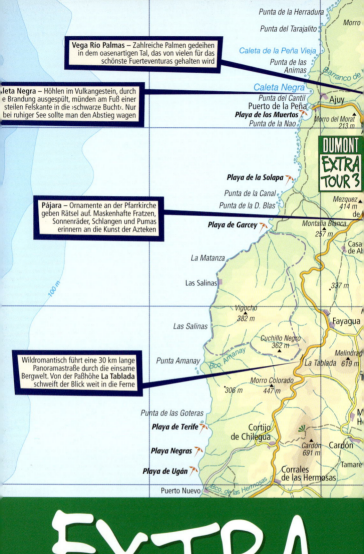

EXTRA-

Fünf Extras im Land des ewigen Sommers

1. **Baywatch** – Strände des Südens. Von der Playa Barca nach La Pared: einsame Weiten, Surferparadiese und Ferientrubel
2. **Cliffhanger** – Wanderung auf den höchsten Gipfel. Ein Ausflug in die Bergwelt von Fuerteventura

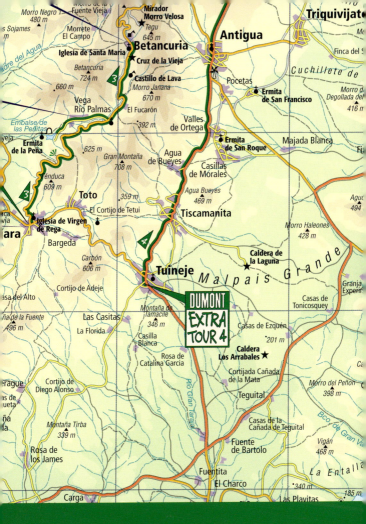

Touren

3. Sei gegrüßt, Maria – Zu Madonnen und Heiligen. Religiöse Kultur und Traditionen der Insel

4. Das Requisit des Don Quijote – Die Mühlenroute

5. Reif für die Insel – Bootstour nach Lobos, der kleinen Fischerinsel vor der Nordostküste Fuerteventuras

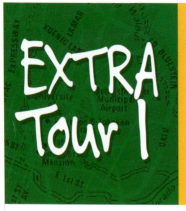

Baywatch – Strände des Südens

Goldgelbe, scheinbar endlose Sandstrände sind das Kennzeichen der Halbinsel Jandía; Badesachen gehören also bei dieser Tagestour unbedingt ins Gepäck. Die Pisten, über die die Strecke teilweise führt, sind in der Regel mit einem normalen Pkw zu bewältigen. Mehr Fahrspaß bietet natürlich ein Jeep.

Der windgepeitschte Istmo de la Pared schnürt Jandía vom größeren Teil der Insel ab. Den Abstecher zur Nordküste der flachen, nur rund 5 km breiten Landenge hebt man besser für den Nachmittag auf. Zunächst geht es quer durch den Ferienort Costa Calma. Kurz hinter einem kleinen Palmenwäldchen kommen auf der rechten Seite die Windräder eines Energieparks in Sicht. Genau gegenüber, mit ›Los Gorriones‹ beschildert, liegt die Einfahrt zur **Playa Barca** (D 9, s. S. 69f.). Nach etwa 2,5 km Fahrt auf einer schmalen Straße ist dieser einsame Küstenabschnitt erreicht. Hier lassen viele Baderatten auch die letzten Hüllen fallen. Einziges Gebäude ist das Hotel ›Sol Los Gorriones‹, fast schon ein Klassiker mit seiner subtropischen Gartenanlage. Die Playa Barca gilt bei Surfern als Paradies: Anfänger bleiben in der breiten Lagune, die sich bei Hochwasser bildet, Könner gehen ins offene Meer.

Zurück auf der Hauptstraße lohnt nur 3 km weiter noch ein Abstecher, diesmal auf einer Piste: **Risco del Paso** (C 9, s. S. 69f.) ist vielleicht noch einsamer als die Playa Barca. Wenn man am Strand ein paar Schritte nach rechts läuft, gelangt man zu zwei riesigen, feinsandigen Dünen – unbestritten einer der landschaftlichen Höhepunkte Fuerteventuras. Wiederum kehrt man zur Hauptstraße zurück, die sich nun durch trockene Täler windet und karge Bergrücken umgeht. Dann tauchen vereinzelt Ferienhäuser und Hotelanlagen auf, und bald ist Jandía Playa erreicht. Gleich am Ortseingang sollte man kurz anhalten und einen Spaziergang durch die Salzebene hinter den Dünen der **Playa del Matorral** (B 10, s. S. 53) machen. Das Gebiet steht wegen der seltenen, salzliebenden Vegetation unter Naturschutz.

Was liegt jetzt näher, als in einem der Fischlokale am alten Hafen von **Morro Jable** (B 10, s. S. 64ff.) einzukehren und den Blick

Extra-Tour 1

Paradies der goldgelben, scheinbar endlosen Sandstrände: Jandía

aufs Meer zu genießen? In ›Morro‹, wie die *majoreros* liebevoll sagen, erlebt man noch einen vom Tourismus unbeeinflussten Alltag. Hier gibt es neben Boutiquen auch Geschäfte für den täglichen Bedarf, und in den Kneipen jenseits der Strandzeile trifft man kaum Touristen. Ein Tipp für den kleinen Hunger: In der Markthalle (Schildern ›Mercado Municipal‹ folgen) gibt es eine gute Tapa-Bar. Anschließend lohnt ein Abstecher in den neuen Hafen (ausgeschildert mit ›Puerto‹). Hier ist immer etwas los, wenn Fähren oder Ausflugsboote ablegen oder die Fischer ihren Fang anlanden.

Auf einer Wellblechpiste, auf der man kaum schneller als 30 km/h fahren kann, geht es weiter Richtung Westen, bis nach etwa 10 km eine Abzweigung erreicht ist. Dort muss die Entscheidung getroffen werden, ob man zur Punta de Jandía weiterfährt oder rechts nach Cofete abbiegt. Wer noch nicht zu Mittag gegessen hat, entscheidet sich vielleicht für ersteres. **Puerto de la Cruz** (A 10, s. S. 71f.), eine winzige Fischersiedlung an der Westspitze Fuerteventuras, ist für drei kleine, äußerst einfach eingerichtete Restaurants berühmt, deren Spezialität Fischeintopf ist. Anschließend kann man noch zum Leuchtturm fahren oder nach dem geheimnisvollen Flugfeld Ausschau halten, das immer wieder mit der Villa Winter (s. S. 37) in Verbindung gebracht wird. Dann geht es nach **Cofete** (B 9, s. S. 36). Die alte Hirtensiedlung liegt in einem weiten Talrund, umgeben von hohen Felswänden. An der **Playa de Cofete** (B 9) und der hinter einer winzigen Felshalbinsel angrenzenden, noch einsameren **Playa de Barlovento** (B 9) kann man stundenlange Strandspaziergänge machen und sich vom Wind mal so richtig durchblasen lassen. Ein Wermutstropfen für Badefreaks: Wegen unkalkulierbarer Unterströmungen ist Schwimmen im Meer äußerst gefährlich!

Auf der Rückfahrt lohnt hinter Costa Calma der Abstecher über die menschenleeren Dünenfelder des Istmo de la Pared zu dem exklusiven Ferienort **La Pared** (D 8, s. S. 60ff.) an der Nordküste Jandías. Dort sollte man keinesfalls zu spät eintreffen, um den Sonnenuntergang an der **Playa del Viejo Rey** (D 8) nicht zu versäumen.

85

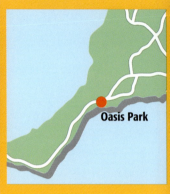

Tropische Oase – das grüne Herz der Insel

Urlaubsspaß für die ganze Familie garantiert ein Besuch im **La Lajita Oasis Park** (D 8, s. S. 57), der mit einem vielfältigen Angebot lockt. Für Groß wie für Klein ist etwas dabei, langweilig wird sicher niemandem. Wer alle Möglichkeiten des Parks nutzt, kann leicht den ganzen Tag hier verbringen.

Gratis ist der **Besuch des Gartenzentrums**, aus dem die Anlage hervorging. Dorthin gelangt man direkt hinter dem Kassenbereich. In den sehr ausgedehnten Gewächshäusern herrscht ein erstaunlich angenehmes Klima. Hier stehen Pflanzen aus aller Herren Länder zum Verkauf, die großenteils als Zimmerpflanzen auch in Mitteleuropa bekannt sind. Doch erreichen sie ganz andere Dimensionen, da man sie auf Fuerteventura im Freien pflanzt. Dazu gibt es »Exoten« wie den auf den Kanaren heimischen, selten gewordenen Drachenbaum.

Will man die übrigen Attraktionen ausgiebig genießen, empfiehlt sich der Kauf einer Tageskarte (ca. 20 €, Kinder ca. 10 €), in der ein 30-minütiger Kamelritt sowie die Eintritte für Tiergarten (Parque zoológico), Botanischen Garten und Papageienshow eingeschlossen sind.

Den mit tropischen Pflanzen geschmückten **»Zoo«** bevölkern etwa 200 verschiedene Vogelarten, darunter so exotisches und auffälliges Federvieh wie Tukane, Pelikane und Flamingos, die sich zum Teil frei unter den Besuchern bewegen. Höhepunkt sind die Krokodilteiche. Affen stellen eine weitere Attraktion dar. Unabhängig vom Besuch des Tiergartens kann man die 20-minütige **Papageienshow** anschauen, um sich von dem Können dieser Tiere beeindrucken zu lassen. Die Anfangszeiten sind an der Zentralkasse angeschlagen. Spätestens jetzt ist es sicherlich an der Zeit in der schattig-kühlen Cafeteria oder im benachbarten Restaurant einzukehren.

Anschließend wird man sich vielleicht zum **Kamelritt** entschließen. Man zahlt an der Kasse und erfährt dort den Termin, zu dem man sich auf der anderen Straßenseite, an der Dromedarstation, einfinden soll. Im La Lajita Oasis Park lebt unter Aufsicht einer deutschen Tierärztin eine der größten Zuchtherden Europas mit

Extra-Tour 2

Eine ›wackelige Angelegenheit‹: Kamel-Safari im La Lajita Oasis Park

insgesamt mehr als 250 Tieren. Man sitzt auf einem breiten Holzsattel immer paarweise auf den Kamelen, je eine Person rechts und links vom einzigen Höcker. Kinder können zusätzlich in einem dritten Sitz auf dem Höcker Platz nehmen, ganz Kleine werden von den Eltern auf den Schoß genommen. Auf Kommando des Kameltreibers erheben sich die Tiere und schaukeln zunächst über eine ebene Strecke, dann aber bald steiler bergauf. Das Tempo ist erstaunlich hoch, die Körper werden kräftig durchgeschüttelt. Die Karawane erklimmt einen Bergrücken, der zum Meer hinüber zieht. Von dort genießt man einen herrlichen Ausblick: zum Botanischen Garten, über die Halbinsel Jandía und in der anderen Richtung auf den Ort La Lajita. Dann geht es auf dem selben Weg zurück, nun steil hinunter. Hier sind die Gurte, mit denen jeder festgeschnallt wurde, wirklich unerlässlich, um nicht vorne aus dem Sitz zu rutschen.

Möglich ist auch eine Tagesexkursion per Kamel (**Kamelsafari Gran Tour**), die man am besten über einen Reiseveranstalter bucht. Man kann sich aber auch vor Ort anschließen (Anmeldung an der Kasse). Sie dauert etwa fünf Stunden, davon gute zwei Stunden im Sattel, und kostet 29,50 € (Kinder 15 €). Unterwegs wird an einem Palmenstrand zum Picknick eingeladen.

Schließlich steht noch der **Besuch des Botanischen Gartens** auf dem Programm, wo es ebenfalls eine Kasse gibt. Auf 16 ha Fläche sind hier etwa 2500 verschiedene Arten von Kakteen und sonstigen Sukkulenten (wasserspeichernden Pflanzen) zu sehen. Herausragende Bedeutung haben die Palmensammlung und der kanarische Garten mit einheimischen Pflanzen. Dort gibt es auch die äußerst seltene Jandía-Wolfsmilch zu bestaunen, eine Kakteenart, die es nirgendwo sonst auf der Welt gibt. Außerdem lernt man die auf dem ganzen Archipel heimische Kanarische Wolfsmilch kennen, die mit ihren langen, kandelaberförmigen Ästen wie ein Kaktus aussieht. Zum Ende des Besuchs winkt eine erneute Einkehr: Das Restaurant Patio Majorero im Botanischen Garten wurde wie die übrigen Gebäude dort in traditioneller Bauart errichtet.

Sei gegrüßt, Maria – Zu Madonnen und Heiligen

Rätsel und Legenden umgeben die heiligen Stätten im Bergland von Betancuria. Als die ersten Europäer im 15. Jh. nach Fuerteventura kamen, gründeten sie in den abgelegenen, von der Küste her schwer zugänglichen und somit vor Piratenüberfällen geschützten Gebirgstälern die Zentren ihrer weltlichen und kirchlichen Macht. Doch später verlagerten sich die wirtschaftlichen Aktivitäten an die Küste; die landschaftlich wie kulturell besonders reizvollen Bergtäler versanken in einen Dornröschenschlaf.

Eine cubanische Madonnenfigur aus dem 17. Jh., die Virgen de Regla, wird in der Pfarrkirche von **Pájara** (E 6, s. S. 67ff.) verehrt. Man vermutet, dass ein nach Cuba ausgewanderter Bewohner sie stiftete. Aber trifft dies auch auf das rätselhafte Kirchenportal zu? An aztekische Kunst erinnernde Sonnenräder, Schlangen und Pumas, auch menschenähnliche Fratzen umgeben, in Stein gehauen, den Eingang, dessen Steine nicht von der Insel stammen. Könnten die tonnenschweren Quader auf geheimnisvolle Weise von Mexiko in das Provinzstädtchen Pájara gelangt sein?

Eine kurvenreiche Bergstraße führt durch eine erstaunlich grüne Landschaft Richtung Norden. Oberhalb von **Vega Río Palmas** (E 5, s. S. 81) lohnt es sich, kurz anzuhalten und die Aussicht auf das dicht mit Palmen bestandene Tal zu genießen. Alljährlich im September pilgern die *majoreros* auf der größten Wallfahrt der Insel zu Ehren der Felsjungfrau, der Virgen de la Peña, hierher. In der kleinen Kirche von Vega Río Palmas kann man die Statue der Inselheiligen bewundern. Die kleine, schneeweiße Alabasterfigur wurde wohl im 15. Jh. von den normannischen Eroberern aus Frankreich nach Fuerteventura gebracht und zunächst in Betancuria verehrt. Während eines Piratenüberfalls gelang es einigen unerschrockenen Gläubigen, die Madonna in einer Felsspalte bei Vega Río Palmas zu verstecken. Zu dieser Stelle kann man einen Spaziergang unternehmen. Man folgt der schmalen Straße gegenüber der Kirche durch das Dorf talabwärts und geht nach etwa 1 km vor

Extra-Tour 3

Fiesta de la Virgen de Regla in Pájara

einer Brücke auf einem Fußweg weiter am Bachbett entlang. Der fast völlig verlandete Stausee von Las Peñitas wird rechts passiert, dann verengt sich das Tal zu einer grandiosen Schlucht, von bläulich schimmernden Felswänden flankiert. Nun ist es nicht mehr weit bis zu der **Kapelle,** die heute dort steht, wo der Legende nach der hl. Didacus die Madonna aus einer Felsspalte herausgeschlagen hat. Unterwegs kann man nach dem versteinerten Fußabdruck des hl. Torcaz suchen, der Didacus den Weg gewiesen haben soll.

Nächstes Ziel ist **Betancuria** (F 5, s. S. 30ff.), die einstige Inselhauptstadt, die sogar für ein paar Jahre Bischofssitz war. Geblieben ist ein verträumtes Dorf, wo man sowohl in der Pfarrkirche als auch im nahegelegenen Museum für sakrale Kunst prächtige Heiligen- und Madonnenbildnisse besichtigen kann. Für eine Verschnaufpause eignet sich das Café der ›Casa Santa María‹, wo im windgeschützten Innenhof oder auf der Sonnenterrasse Getränke und Tapas serviert werden.

Zum Abschluss der Tagestour ist das ehemalige **Franziskanerkloster** ein unbedingtes Muss. 1836 fiel es der Auflösung aller Klostergemeinschaften in Spanien zum Opfer. Geblieben ist eine von der Bevölkerung, aber wie es heißt auch von den Mönchen selbst ausgeschlachtete Ruine, die restauriert und von einem idyllischen kleinen Park umgeben wurde.

Von der benachbarten **Capilla San Diego de Alcalá** wird erzählt, der Teufel ginge hier nachts um: Der später heilig gesprochene Abt Didacus hatte sich hier von Zeit zu Zeit in eine Höhle zurückgezogen, und man schrieb ihm bald zahlreiche Wunder zu. Noch heute ist im Ort der Aberglaube lebendig, wonach die Höhlenerde, auf den Bauch schwangerer Frauen gestreut, eine komplikationsfreie Geburt garantiert. Später errichtete man über der Höhle eine Kapelle. Durch Beschwörung soll dabei der Teufel gezwungen worden sein, die schweren Steine für den Bau herbeizutragen. Dabei habe man ihn mit einem Strick gefesselt, der noch heute in der Kapelle aufbewahrt wird. ›Teufel‹ wurden früher übrigens auch störrische Kamele genannt, die man zum Schleppen von Lasten einsetzte ...

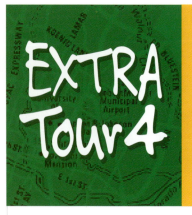

Das Requisit des Don Quijote – Die Mühlenroute

Zahllose Windmühlen drehten sich früher auf Fuerteventura, um *Gofio* zu mahlen, doch nicht alle Regionen der Insel eigneten sich gleichermaßen als Standort. Man findet die Mühlen insbesondere in den Ebenen des Zentrums und des Nordens, über die der Wind ungehindert hinwegfegen kann. In den vergangenen Jahrzehnten wurde der Ackerbau auf Fuerteventura fast ganz aufgegeben. Junge Leute wanderten aus den Dörfern in die Ferienzentren an der Küste ab, die Windmühlen sind dem Verfall preisgegeben. Einige von ihnen hat man allerdings restauriert, denn die Inselregierung ist – auch im Dienst des Tourismus – bemüht, dieses kulturelle Erbe zu erhalten.

Die ganztägige Mühlenroute beginnt in **Tuineje** (F 6, s. S. 79f.), wo es früher ein richtiges Mühlenviertel gab, das heute von der Hauptstraße nach Gran Tarajal zerschnitten wird. Mehrere verfallene Windmühlen sind dort zu sehen, außerdem zahlreiche Häuserruinen, neben denen man aus Schöpfradbrunnen *(norias)*, die von im Kreis gehenden Eseln oder Dromedaren angetrieben wurden, kostbares Nass für die Bewässerung der Felder heraufholte.

In **Tiscamanita** (F 6, s. S. 79) wird noch heute mittels einer Art Hydrokultur Getreide angebaut. Am Nordrand des Ortes wurde eine große Windmühle mit dem angrenzenden Haus, in dem einst der Müller wohnte, restauriert und in ein Mühlenmuseum (Centro de Interpretación de los Molinos) verwandelt. Von dem schönen Innenhof aus betritt man die verschiedenen Räumlichkeiten, in denen heute Exponate und Informationstafeln untergebracht sind. Einmal in der Woche, wenn der Wind günstig steht, setzt man die Mühle in Bewegung und stellt *gofio* auf traditionelle Art her. Das mehlähnliche Pulver kann man im Museum, mit Öl, Wasser und Zucker zu einer konfektähnlichen Masse verknetet, probieren. An der Kasse wird Gofio in kleinen Beuteln verkauft. Im Zentrum von Tiscamanita findet man mehrere einfache Bars, wo die Einheimischen – meist Männer – während der Arbeitspausen auf eine Tasse *café solo* oder ein Glas Wein einkehren.

Extra-Tour 4

Bei **Antigua** (F 5, s. S. 29f.) war die letzte Windmühle noch bis 1950 in Betrieb. Am Ortsausgang Richtung Puerto del Rosario ließ die Inselregierung rund um eine vierflügelige Windmühle ein Museumsdorf (Centro de Artesanía Molino de Antigua) aufbauen. Der ehemalige Kornspeicher und das Gutshaus wurden sorgfältig restauriert.

Nördlich von La Ampuyenta zweigt links die Straße Richtung La Oliva ab. Dort gelangt man zunächst nach **Tefía** (F 4, s. S. 76f.), wo man durch das Museumsdorf La Alcogida schlendern kann. Prunkstück ist eine schön restaurierte Windmühle mit sechs Flügeln, die ein wenig abseits an der Straße nach Los Molinos steht.

Einen alten Getreidespeicher, in dem heute das Museo del Grano La Cilla (Getreidemuseum) untergebracht ist, gibt es in **La Oliva** (G 2/3, s. S. 58ff.). Dort wurde früher Korn für Notzeiten eingelagert, denn immer wieder mussten regenarme Jahre mit schlechten Ernten überstanden werden.

Am Südrand von **Lajares** (G 2, s. S. 56f.) erheben sich zwei Windmühlen. Die größere von beiden, Molino genannt, hat das typische Aussehen der Mühlen aus der Mancha in Zentralspanien. Deren kegelförmiges Dach mit den vier oder sechs Flügeln, die bei Bedarf mit Segeltuch bespannt wurden, konnte jeweils in den Wind gedreht werden. Die Molina, eine für Leichtwind geeignete, filigrane Konstruktion mit Holzschaufeln, sitzt einfach dem Dach eines flachen Mühlenhauses auf, das zugleich dem Müller als Wohnhaus diente. Molina und Molino stehen sich in Lajares direkt vis à vis.

Über Caldereta kann man zum Abschluss der Tour noch nach **Puerto de Lajas** (H 3/4, s. S. 72) fahren. Dort steht ein besonders prächtiges, hervorragend erhaltenes Exemplar des Typs ›Molina‹. Man gelangt südlich des Dorfes über eine Piste dorthin. Anschließend kann man am gepflegten Strand des Fischerortes baden oder in dem bei Einheimischen beliebten Ausflugslokal ›Casa Gregorio II‹ einkehren.

Das Vorbild kommt aus La Mancha: Mühle bei Lajares

Reif für die Insel – Bootstour nach Lobos

Ein Paradies für zivilisationsmüde Zeitgenossen ist die kleine, Fuerteventura im Nordosten vorgelagerte Insel **Lobos** (H 1, s. S. 52). Nur 2 km breit ist der die beiden Landmassen trennende Meeresarm El Río. Dennoch fühlt man sich auf Lobos, das der Mönchsrobbe (span. *lobo*) seinen Namen verdankt, wie in eine andere Welt versetzt. Bis ins 19. Jh. kamen die Robben zur Aufzucht ihres Nachwuchses auf das Eiland. Doch für die Fischer waren sie Nahrungskonkurrenten; so wurden sie gnadenlos verfolgt und schließlich ausgerottet.

Nach Lobos gelangt man von Corralejo aus, wo im Hafen täglich um 10 Uhr eine Personenfähre startet. Tickets werden ab ca. 30 Min. vor der Abfahrt am Schalter gegenüber der Anlegestelle verkauft. Die Überfahrt dauert etwa 20 Min. Bei der Ankunft wird einem auch noch einmal der Zeitpunkt für die Rückfahrt eingeschärft (je nach Jahreszeit zwischen 16 und 18 Uhr). Wenn man keinen Proviant mitgenommen hat, empfiehlt es sich, zunächst der Beschilderung ›Puertito‹ zu folgen. Nach 10 Min. ist **El Puertito** erreicht, die einzige Siedlung auf Lobos; hier gibt es eine urige Strandkneipe, die normalerweise täglich geöffnet ist. Man hat die Wahl zwischen Paella und Tagesfisch *(pescado)*, und am besten bestellt man vor. Bis 1982 lebten noch ein paar Fischerfamilien ständig in El Puertito; heute belebt sich die Siedlung nur noch im Sommer, wenn einheimische Angler die zu Ferienhäusern umfunktionierten Katen bewohnen.

Sofern man nicht zu den passionierten Brandungssurfern gehört, besucht man Lobos möglicherweise nur zum Baden. In diesem Fall geht man jetzt Richtung Anlegekai zurück und dann hinter dem Campinggelände weiter zur nur zehn Gehminuten entfernten **Playa de la Calera.** Der halbmondförmige kleine Strand schmiegt sich in eine von Lavazungen fast vollständig umgebene Bucht. Eine vorgelagerte Felsbarriere schützt ihn gegen die Brandung.

Aber es wäre wirklich schade, die weiteren Naturschönheiten zu versäumen, die Lobos zu bieten hat. Diese kann man nur zu Fuß

Extra-Tour

Paradies für Zivilisationsmüde: Las Lagunitas, Isla de los Lobos

erschließen, denn auf der kleinen Insel gibt es keine Autos. Einigermaßen festes Schuhwerk sollte also im Gepäck nicht fehlen. Von El Puertito aus bietet es sich an, die Insel gegen den Uhrzeigersinn zu umrunden. Dazu geht man links an der Hafenbucht vorbei und hält sich hinter den letzten Häusern an einer Gabelung links auf dem breiteren Weg. Dieser windet sich durch eine dunkle Hügellandschaft aus *hornitos* (›Öfchen‹), winzigen Vulkankegeln, die wie Pockennarben große Teile der Inseloberfläche bedecken. Die Wasserdampfexplosionen, denen die *hornitos* ihre Entstehung verdanken, wurden durch flüssiges Magma hervorgerufen, das aus dem Erdinneren aufstieg und dabei mit Grundwasser in Berührung kam. In den Senken zwischen den *hornitos* gedeiht eine seltene, salzliebende Flora.

Der Weg quert eine sandige Küstenebene und gabelt sich dort erneut. Links geht es weiter, an der Ruine eines Kalkofens vorbei. Immer dem breiten Hauptweg folgend, hält man sich in nördlicher Richtung. Bald kommt der **Leuchtturm** an der Nordspitze von Lobos in Sicht. Zu diesem steigt man nun hinauf (ca. 1 Std. ab El Puertito). Von der Terrasse neben dem geschlossenen Gebäude – einen Leuchtturmwärter gibt es längst nicht mehr – bietet sich ein hervorragender Blick auf Lanzarote. Anschließend geht es die betonierte Rampe, die zum Leuchtturm herauf führt, wieder hinab. Unten hält man sich auf dem breiten Weg rechts. Nach 30 Min. zweigt rechter Hand ein Ascheweg ab. Hier beginnt der Abstecher zur **Montaña de Lobos** (127 m). Ein steiler, steiniger Pfad führt an der Flanke des Berges in 20 Min. zu einer Gipfelsäule. Von dort blickt man in den Krater des einstigen Vulkans, der schon zur Hälfte vom Meer erobert wurde. In der anderen Richtung bietet sich ein Panoramablick über ganz Lobos hinweg bis zu den Stränden von Corralejo.

Weiter geht es auf dem Hauptweg, der bald die Hornito-Landschaft verläßt und eine Senke quert. Jenseits davon verbirgt sich die **Playa de la Calera** hinter niedrigen Dünen. Nach insgesamt etwa 2.30 Std. ist El Puertito wieder erreicht.

Impressum/Fotonachweis

Fotonachweis

Oliver Breda, Duisburg: S. 87
Jo Kirchherr, Köln: Titelbild
Susanne Lipps: S. 33
Volker Lipps, Düsseldorf: S. 36, 75
Harald Mante, Dortmund: S. 8, 15, 91
Hans-Peter Merten, Saarburg: S. 78, 85

Soweit nicht anders aufgeführt, stammen alle Fotos in diesem Band von **Anna Neumann/laif, Köln.**

Titel: Surfer an den Playas de Corralejo
Vignette S. 1: An den Playas de Corralejo
S. 2/3: Landschaft bei Gran Tarajal
S. 4/5: An den Playas de Corralejo
S. 26/27: Las Playitas

Kartographie: Berndtson & Berndtson Productions GmbH, Fürstenfeldbruck
© DuMont Buchverlag

Alle in diesem Buch enthaltenen Angaben wurden von der Autorin nach bestem Wissen erstellt und von ihr und dem Verlag mit größtmöglicher Sorgfalt überprüft. Gleichwohl sind inhaltliche Fehler nicht vollständig auszuschließen. Ihre Korrekturhinweise und Anregungen greifen wir gern auf. Unsere Adresse: DuMont Buchverlag, Postfach 101045, 50450 Köln; E-Mail: reise@dumontverlag.de

---

Die Deutsche Bibliothek – CIP-Einheitsaufnahme

Lipps, Susanne:
Fuerteventura / Susanne Lipps.
- Köln: DuMont, 2002
(DuMont Extra)
ISBN 3–7701-5724-7

Grafisches Konzept: Groschwitz, Hamburg
© 2002 DuMont Buchverlag, Köln
Alle Rechte vorbehalten
Druck: Rasch, Bramsche
Buchbinderische Verarbeitung: Bramscher Buchbinder Betriebe

ISBN 3-7701-5724-7

Register

Ajuy (D/E 5) *28*
Antigua (F 5) 8, 11, 14, *29f.,*
  90f.
– Iglesia Nuestra Señora de
  Antigua *29*

Bayuyo *38f.*
Barranco de la Madre del Agua
  28
Barranco de Vinamar 86
Betancuria (F 5) 8, *30ff.,* 89
– Capilla San Diego de Alcalá
  32, 89
– Museo de Betancuria
  32
– Convento de San Buenaven-
  tura *32*
– Iglesia Nuestra Señora de la
  Concepción *31*
– Mirador Morro Velosa *32*
– Museo de Arte Sacro *32*

Caleta de Fuste (H 5) 7, 18,
  33ff.
– Castillo de Fuste *34*
– Puerto del Castillo *33f.*
Caleta Negra *28*
Caletillas *47*
Cardón 19, 75
Casas de Majanicho *39f.*
Casillas del Ángel (F/G 4) *35f.*
Cofete (B 9) *36f.*
Corralejo (H 1) 7, 15, 18, *37ff.*
Costa Calma (D 9) 6, *43ff.*
Costa de Antigua 66
Cotillo (F 2) *46ff.*

El Jable s. Parque Natural de las
  Dunas de Corralejo
El Puertito 52
Embalse de los Molinos *63*
Esquinzo (C 10) *48ff.*

Faro de Jandía *72*
Faro de Tostón *47*

Giniginámar (E 8) *50*
Gran Tarajal (F 8) *50ff.*
– Iglesia Nuestra Señora de la
  Candelaria *51*

Isla de los Lobos (H 1) *52, 92f.*

Jandía (Berg) 9
Jandía Playa (C 10) 6, 18, *52ff.,*
  86

La Ampuyenta *30*
– Ermita de San Pedro de
  Alcántara *30*
Lajares (G 2) *56f., 91*
– Ermita de San Antonio de
  Padua *57*
La Lajita (E 8) 19, *57f., 86f.*
La Oliva (G 2/3) 8, 11, *58ff., 91*
– Casa de la Cilla *59*
– Casa del Capellán *59*
– Casa de los Coroneles *59*
– Casa Mané *60*
– Iglesia Nuestra Señora de la
  Candelaria *58f.*
– La Ermita *60*
Las Parcelas (F 4) *62*
La Pared (D 8) 18, *60ff.*
Las Playitas (F 8) *62f.*
Las Salinas 19, 34
Llanos de la Concepción (F 4)
  63
Lomo del Cuchillete 32, 80
Los Molinos (F 4) *62*

Montaña Tindaya 9, 79
Monumento de Unamuno *78f.*
Morro Jable (B 10) 15, *64ff.,*
  84f.

Nuevo Horizonte (H 5) *66f.*

Pájara (E 6) 8, 15, *67f., 88*
– Iglesia Nuestra Señora de
  Regla *67*
– Noria *67*
Parque Holandés (H 3) 18, *68f.*
Parque Natural de las Dunas de
  Corralejo 7, 38
Playa Barca (C/D 9) 18, *69f., 84*
Playa Blanca *73f.*
Playa de Barlovento *37,* 85
Playa de la Calera 52
Playa de La Lajita 57
Playa de Las Playitas 62

95

Register

Playa de Cofete   *19, 37,* 85
Playa del Castillo (bei Caleta de Fuste)   *19, 34*
Playa del Castillo (bei Cotillo)   *19, 47*
Playa del Jablito   *69*
Playa del Matorral   *19, 53, 84*
Playa de los Muertos   *28*
Playa del Viejo Rey   *61,* 85
Playa de Ojos   *72*
Playa de Tarajalejo   *75*
Playa Esquinzo   *49*
Playas de Corralejo   7, *19,* 38
Playas de la Pared   *61*
Playa de Santa Inés   *63*
Playas de Sotavento de Jandía   *19, 44*
Pozo Negro (G 6)   14, *70f.*
Pueblo Majorero   *29f.*
Puerto de la Cruz (A 10)   *71f.,* 85
Puerto de Lajas (H 3)   *72, 91*
Puerto del Rosario (H 4)   7, 11, 14, 15, *72ff.*
– Casa Museo Unamuno   *73*
– Iglesia Nuestra Señora del Rosario   *72f.*
Punta de la Entallada   *62*

Risco del Paso (C 9)   *69f.,* 84

Salinas del Carmen   *34f.*

Tarajalejo (E 8)   18, *75f.*
Tefía (F 4)   *76f., 91*
– Ecomuseo La Alcogida   *77*
Tindaya (F 3)   *77ff.*
Tiscamanita (F 6)   15, *79, 90*
Tuineje (F 6)   15, *80, 90*

Valle de Santa Inés (F 4/5)   *80*
– Ermita de San Bartolomé   *80*
Vega Río Palmas (E 5)   *81, 88f.*
– Ermita de Virgen de la Peña   *81*
Villa Winter   *37,* 85